紅太陽
RED SUN TEA SHOP
旅
民族路二段
22
Minzu Rd. Sec.2
西 210-160 154-132 東
W 343-261 259-227 E
北
213
海尼根
禁止酒駕
免費停車
24
飯盒

序言 Foreword

跨越歷史，抵達臺南的明日

荷蘭東印度公司在一六二四年來到大員，也就是今日的臺南安平，建立起名為熱蘭遮堡的貿易據點；四百年後的二〇二四年，正是一個我們藉此回顧過去、省思當代並開創未來的歷史時刻。在過去長達千年的時間維度下，四百年作為其中一個線性時間的歷史戳記，人類文化與自然環境的交錯堆疊在臺南匯聚，見證了不同族群在這片土地上衝突、合作與共生的歷程，這些都是形塑臺南得以兼容傳統與創新的原因，也是臺南之所以為臺南的底氣。

當我們站在臺南的此刻回顧往昔，思考明日更是職責所在。「臺南的下一個百年該如何發展？」「臺南400」是整座城市共同面向歷史與未來的一場深刻對話。

我們藉此反思歷史的意義，將目光著眼於當下，探索人們如何在全球化浪潮下，傳承並發揚臺南在地的文化價值，同時找尋出臺南文化永續未來的各種可能性。正因如此，二〇二四年，是屬於全體市民共同參與的一年。不僅有燈會、文博會等精彩節目，臺南更充滿來自民間的文化力量。我們以深厚的歷史底蘊、豐碩的觀光資源、優質的物產，展現當代臺南的多元風貌，讓這座城市的文化魅力成為世界焦點。

這本書是一場臺南對每位讀者啟動文化自覺與自我探索的邀請。它不只是記錄下這一年市民或來自各方的旅客彼此對話、互動的成果，書中更匯集歷史學者、文化評論家、藝術家、社區工作者與公職人員的多元視角，透過從歷史、文化、藝術與社會等多元面向的討論，共同勾勒屬於臺南文化治理、文化政策與文化發展的眾聲藍圖。

從今天起，臺南的故事不只屬於過去，這本書講述著每一位在這座城市生活、創作及奮鬥的人與他們的未來。如同二〇二四這一整年，對在地市民、對世界各地關心臺南的人們，都是一個了解臺南深度與廣度的窗口——不僅是涵納了過去，同時也是思考未來的起點。

臺南市長

共筆這座城市的未來

「臺南400」，不只是提醒我們回望過往歲月，或者歡慶，而是一個讓我們停下腳步的時刻，在這個當下，思考並探索這座城市未來的諸多可能性。

四百年以及此前更長遠的歲月裡，這座城市經歷了多少代人的生命歲月，並在時光的沉積中不斷蛻變、重塑。臺南是島嶼初遇世界的地方，這座城市見證了多少殖民、開拓、抗爭與傳承。不同族群與文化的人群在這裡相遇，在這裡奮鬥，在這裡安身立命。每一幢老屋、每一條街巷轉角，都承載著複數的美好回憶。我相信，我們都可以是自身意義的能動者，每一個願意深入了解、用心參與的人，都能成為這座城市的「在地人」，並且在某個剎那，突然脫口而出「我們臺南」。

今年一系列活動的順利推進，得益於每一位市民、學者與藝術家的共同努力。我由衷的感謝有大家的參與，我們才能協作共筆屬於我們這個世代的城市記憶。因為有人，才有城市；有了每一個人的參與，才可能帶來這麼豐厚的文化底蘊。我們看到了這個當下的人們創意、努力，以及眾多的行動、面對城市未來的想望，而不是單純重複那些關於府城身世的厚重歷史。

臺南不僅是一座古都，它更是一座敢於創新的城市，勇於尋找各種新的可能性。這本書，不僅是臺南400活動的紀錄，更是一封誠摯的邀請函，邀請每一位市民、每一位讀者，與我們共同探討如何在這片土地上共享歷史、共創未來。

臺南市文化局長

Contents

目錄

第四章・光的主張 LIGHT & COMMUNITY

140 謝仕淵：
「以光領路，撐開更大的世界和更長的時間。」

146 在臺南看見光

148 台灣燈會

152 空山祭

154 月津港燈節

156 新營波光節

158 普濟燈會

160 歷史街區光環境

第五章・透視大展 EXHIBITIONS & GUIDE

164 王世宏：「臺南400不只談過去，也回應這城市將去往何方。」

170 紅球計畫：十日限定的歷史街區策展行動

178 我們從河而來：
以千年流域滋潤乾溼分離的生活想像

186 透・南城：親探一座城市的記憶與身世

結　語・對話未來 AFTER 400

196 寫在臺南400之後：
此刻及其後的三個關鍵字，韌性、創新、指向未來

204 附錄　四百這一年：
二〇二四「臺南400」大事記

2 序言　市長序、局長序

6 速寫四百：來臺南相揣！

8 臺南，不只四百：山、海、溪河與城市紀事

16 每個人的四百

第一章・為何四百？ECHOES & QUESTIONS

24 張隆志：
「在二〇二四，聽見來自一六二四的歷史回聲。」

32 1624圖鑑：
在臺南遇見荷蘭人X平埔族群X
漢人移民X中日商人

42 石文誠 x 陳慕天：
遭遇一六二四，為「臺南400」策展的不同可能

48 吳密察 x 陳冠妃：
從三百到五百，城市紀念活動能留下什麼

第二章・城市指南 LANDSCAPE & MAPS

56 許遠達：「整座城都是博物館，匯聚不同聲音為地方策展。」

62 表演｜如果只能有一齣戲的時間

68 地景｜窗所透露的臺南時光印記

74 音樂｜繼續傳唱城市追想曲

82 巷弄｜老屋、歷史街區重燃生活感

90 飲食｜回憶中的臺南味

96 創作｜「臺南」作為主題

100 觀察筆記｜一場以城市為單位的文化行動

第三章・地方本色 LOCAL & ACTIVITIES

106 嚴婉玲：
「不靠政府，我們也能一起把這件事做起來。」

110 400+的眾生風景

112 臺南市民宿文化發展協會
#敲鐘祈福 #創造眾神之都的特色跨年

114 臺南市皮革製品商業同業公會
#製鞋 #腳底的故事 #走進校園

116 目目文創工作室
#聲景 #音風景一百選 #聲音行旅

118 磐果舞蹈劇場
#天下第一陣 #當代舞 #南管戲

120 山海屯社會企業
#地方創生 #淺山 #風土餐桌

122 旅居號
#島嶼極西點 #食魚教育 #里海生態

124 天晴創藝／南方女子互助會
#女性發聲 #培力 #地方實踐

126 臺南市太平境文化教育協會
#傳教士 #長老教會 #對話

128 新樓醫院
#西醫院 #馬雅各 #今昔醫療

130 財團法人台灣基督長老教會宣教基金會
#西方宗教 #世界的足跡 #教育

132 更多參與《400+》計畫的團隊身影

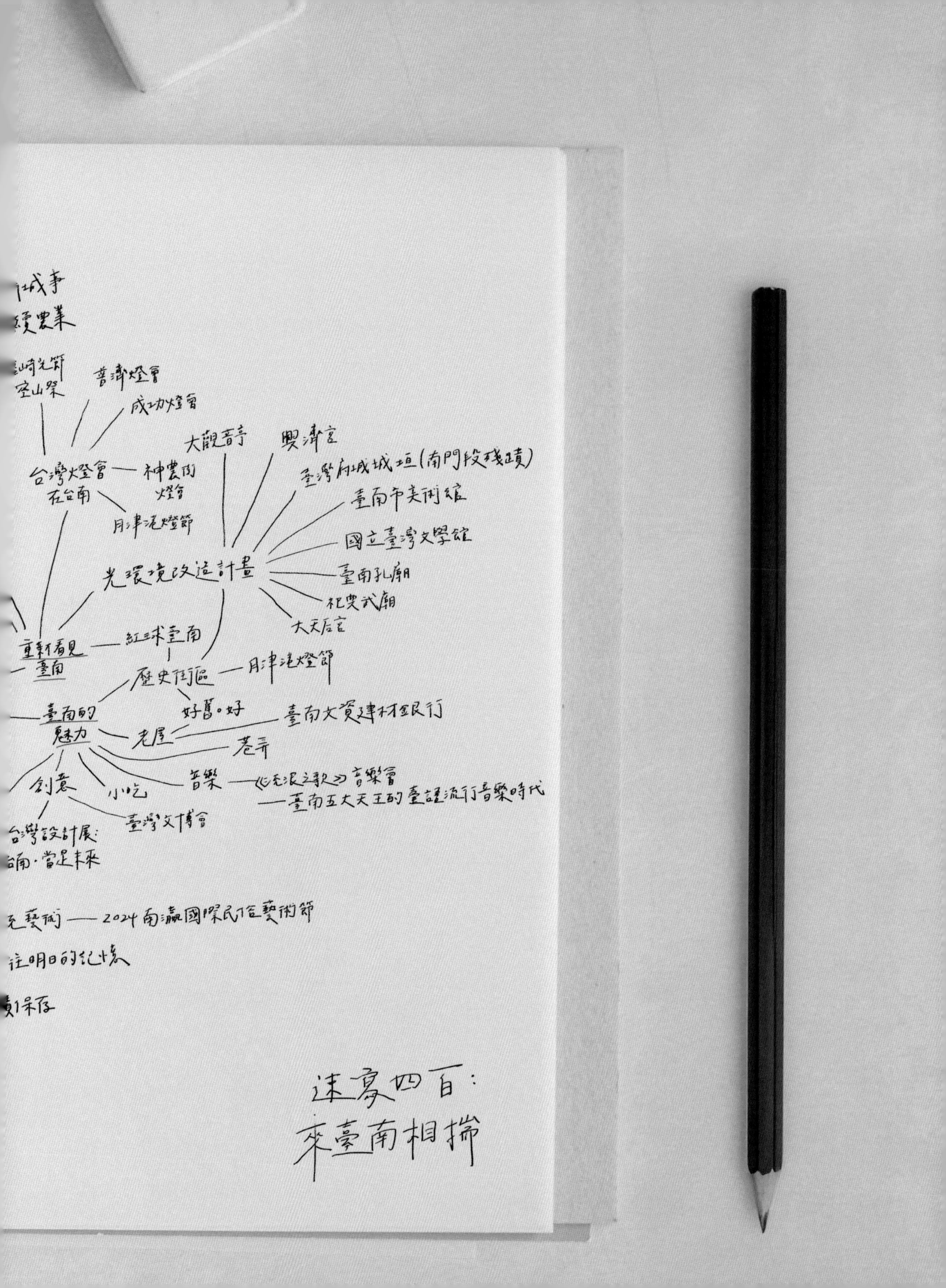

普濟燈會
成功燈會
台灣燈會在台南
神農街燈會
月津港燈節
大觀音亭
興濟宮
臺灣府城城垣(南門段殘蹟)
臺南市美術館
國立臺灣文學館
臺南孔廟
祀典武廟
大天后宮
光環境改造計畫
重新看見臺南
紅球臺南
歷史街區
月津港燈節
好舊。好
臺南的魅力
老屋
臺南文資建材銀行
巷弄
音樂
《毛浪之歌》音樂會
臺南五大天王的臺語流行音樂時代
創意
小吃
臺灣文博會
台灣設計展
2024南瀛國際民俗藝術節
往明日的記憶
迷宴四百：
來臺南相揣

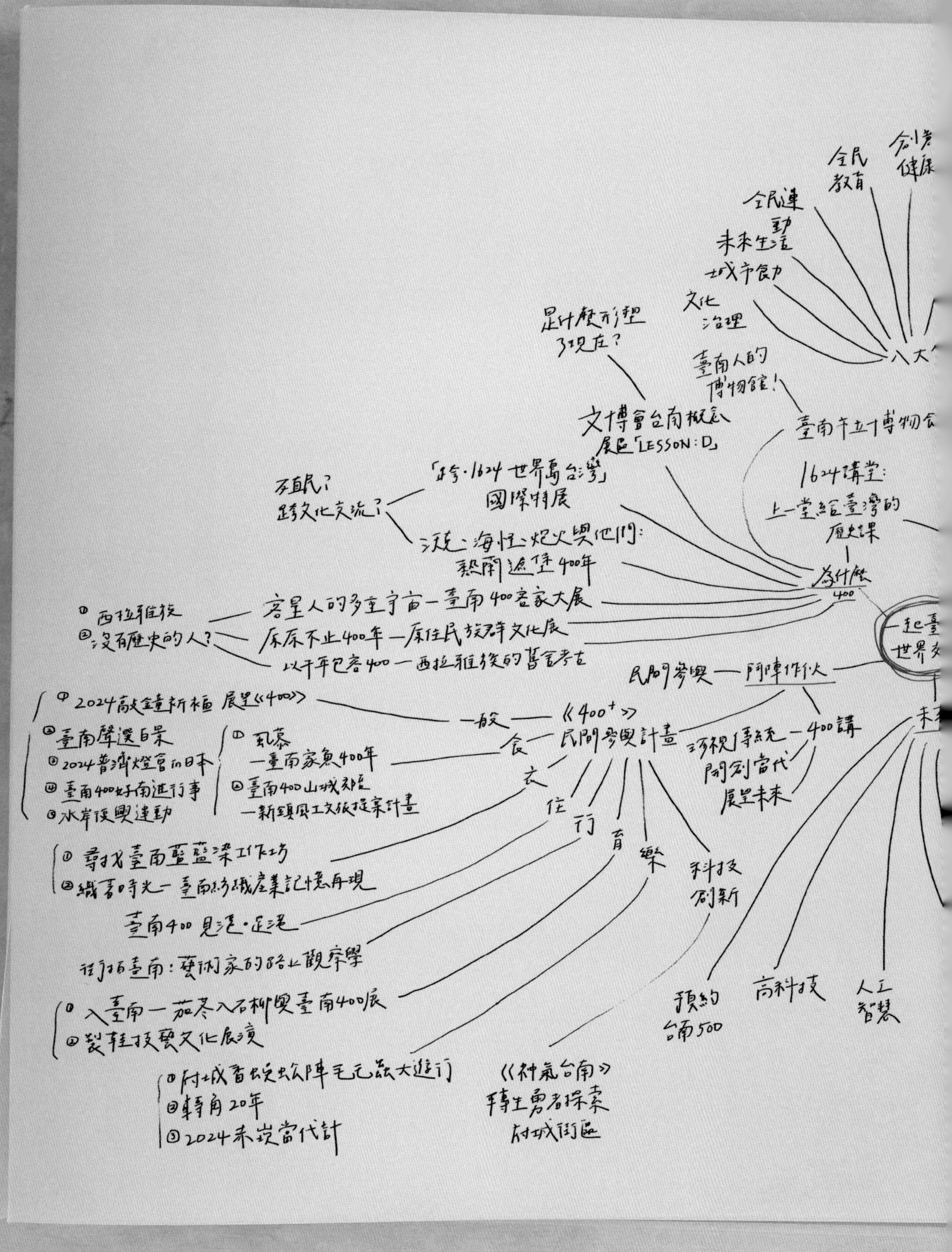
全民教育
全民運動
未來生活
城市食力
文化治理
是什麼形塑了現在？
臺南人的博物館！
臺南市立博物
文博會台南概念展區「LESSON：D」
1624講堂：上一堂給臺灣的歷史課
為什麼400
阿陣作伙
民間參與
殖民？跨文化交流？
「跨·1624世界島台灣」國際特展
漢人、海洋、炮火與他們：熱蘭遮堡400年
①西拉雅族
②沒有歷史的人？
客家人的多重宇宙—臺南400客家大展
原原不止400年—原住民族群文化展
以千年包容400—西拉雅族的舊社考古
①2024高鐵金童新植 展望《400》
②臺南聲選百景
③2024普濟燈會in日本
④臺南400好南進行事
⑤水岸復興運動
一般
《400+》
民間參與計畫
①虱目—臺南家魚400年
②臺南400山城新貌—新鎮風工文旅提案計畫
食
衣
住
行
育
樂
科技創新
珍視傳統—400講
開創當代
展望未來
①尋找臺南藍靛染工作坊
②織晉時光—臺南紡織產業記憶再現
臺南400見港·近港
街頭臺南：藝術家的路上觀察學
①入臺南—茄苳入石柳與臺南400展
②製鞋技藝文化展演
①府城香蕉蜈蚣陣毛元蕊大遊行
②轉角20年
③2024赤崁當代計
《神氣台南》轉生勇者探索府城街區
預約台南500
高科技
人工智慧

Tainan Impressions

臺南，不只四百：山、海、溪河與城市紀事

資訊整理｜編輯部

四百年來，「臺南」的地貌與地理疆界變化劇烈，府城之外的廣大地域有過兩個內海、數座沿岸港口，平原上是大小溪流及山頭，不同地方的人們對於「臺南」的感受不同，亦有著迥異的歷史時刻。以海之線、溪之線、城之線與山之線的四條地方時間軸，一起潛入廣袤且更為繁盛的臺南日常，看見四百與四百之外的臺南種種。

1625　16th

1624
荷蘭人佔領臺灣，其後起建熱蘭遮城。

17 世紀初期
顏思齊等海盜據推測在北門一帶建立據點。

嘉南平原上有著
Sedia 族 Shinkan（新港社，今新市一帶）、
Tavokkan（大目降，今新化一帶）、
Boakkluwan（目加溜灣，今善化一帶）、
Oobu（芋匏，今新市大社一帶）、
Matau（蔴荳，今麻豆一帶）、
Siaulang（蕭壠，今佳里一帶）活動，
並與外來的漢人貿易。

淺山地帶有平埔族 Loa 族 Toroko（哆囉嘓社）於今東山一帶活動，
Sedia 族 Tokkau（卓猴社）於今左鎮一帶、
Tapani（噍吧哖社）與 Toavoran（大武壠）於今玉井一帶活動。

① 海之線
鹽分地帶與曾經的濱海區域

② 溪之線
曾文溪等溪流沿岸平原地帶

③ 城之線
府城及五條港地區

④ 山之線
山區與淺山地帶

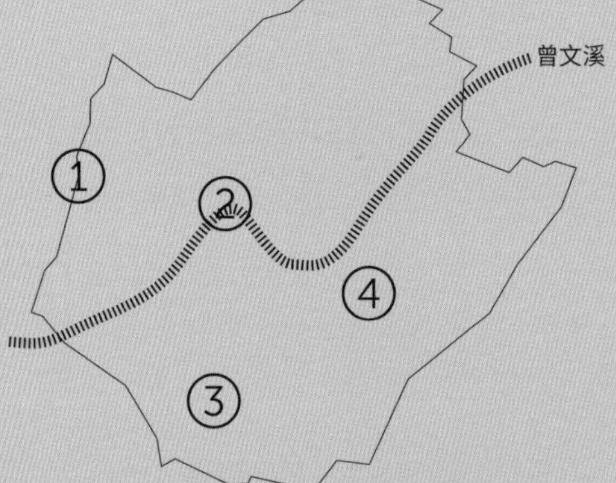

1700　1675　1650

1626
荷蘭牧師干治士（Georgius Candidius）首次向新港社人傳教。

1628
因西拉雅新港社與麻豆社的爭權而衍生「濱田彌兵衛事件」（臺灣王理加Dika事件）。

1630
根據約翰・湯姆生留下的遺跡照，荷蘭東印度公司建立熱蘭遮城（Zeelandia，又稱紅毛城）。

1653
荷蘭人據稱帶「黑奴」開鑿烏鬼井。

1662
鄭成功與荷蘭人爆發激烈海戰，佔領臺灣。

1664
鄭經將府城依區域分為東安、西定、寧南、鎮北四坊。

1666
孔廟落成。

1684
施琅上奏加封媽祖為「天后」，寧靜王府改建「大天后宮」。

1685
沈光文在善化講學，與流寓文人集結「東吟社」，開臺文人結社之首。

1686
「普濟寺」（今普濟殿）建成，為府城最早的王爺廟。

1702
相傳郭藥開始於麻豆種植文旦。

1717
倒風內海三大港的茅港尾港（今下營茅營里）、鐵線橋港（今新營鐵線里）、麻豆港發展出街市，茅港尾港當時是府城至嘉義間最大的市鎮。

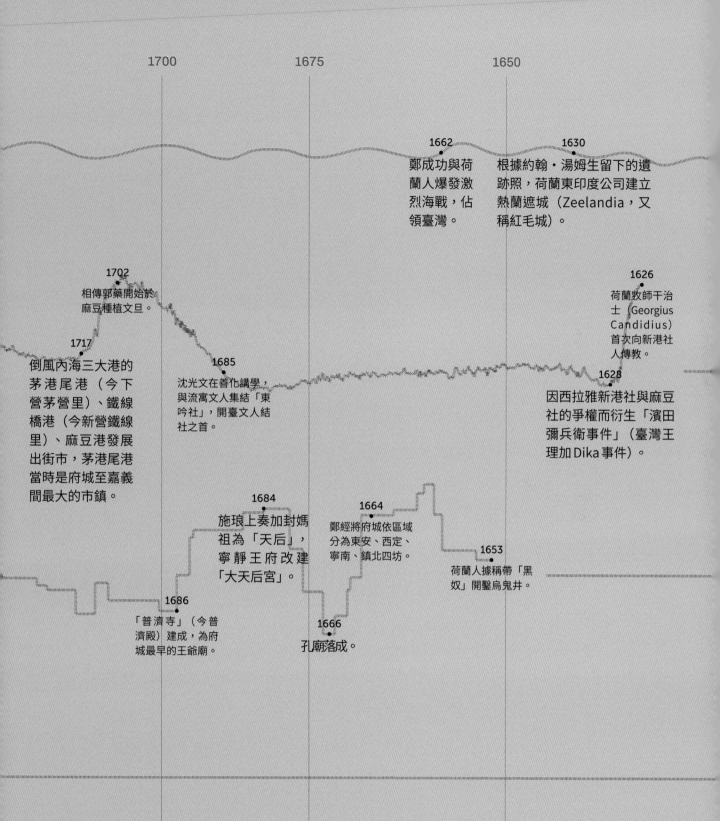

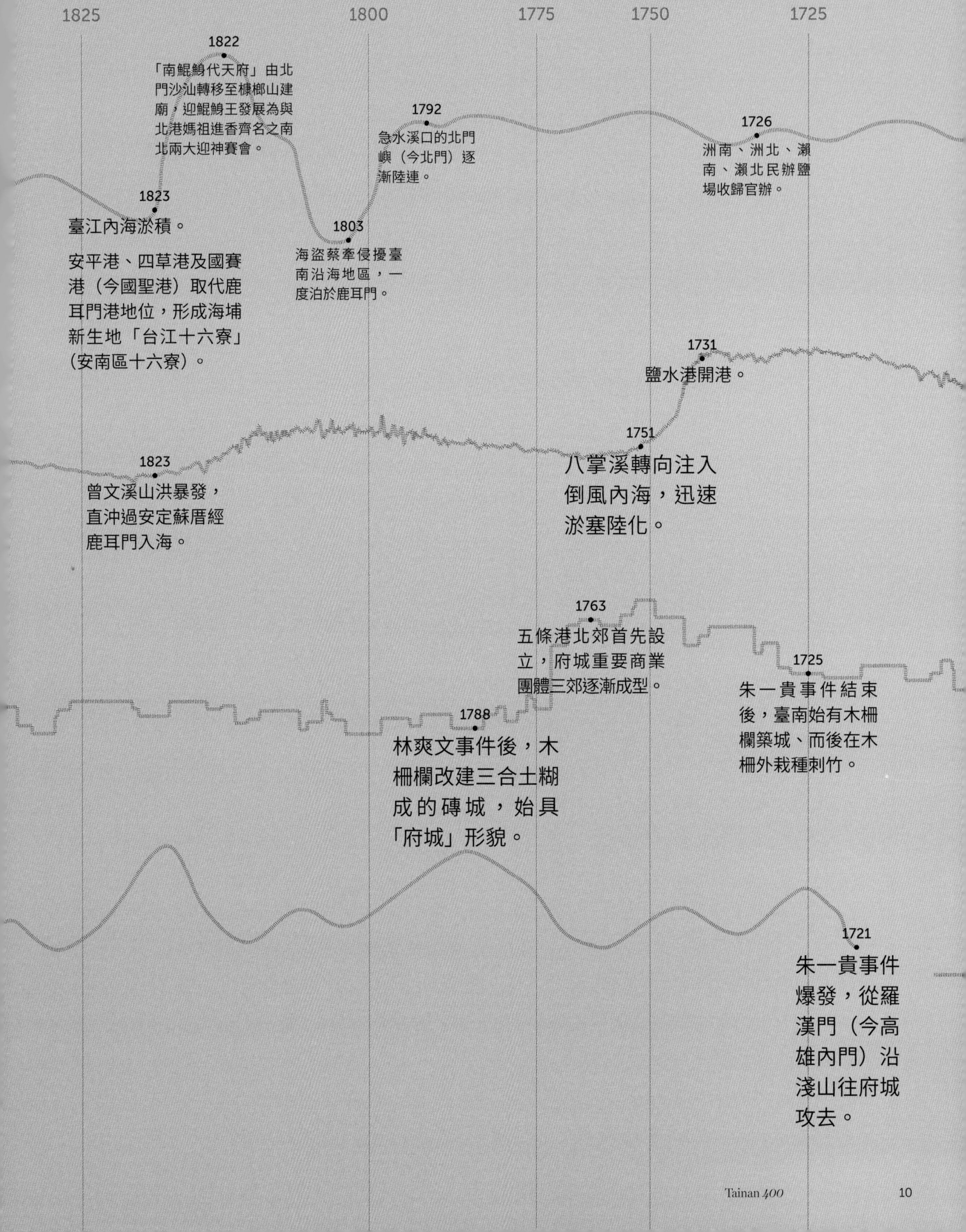
1825
1800
1775
1750
1725
1822
「南鯤鯓代天府」由北門沙汕轉移至糠榔山建廟，迎鯤鯓王發展為與北港媽祖進香齊名之南北兩大迎神賽會。
1792
急水溪口的北門嶼（今北門）逐漸陸連。
1726
洲南、洲北、瀨南、瀨北民辦鹽場收歸官辦。
1823
臺江內海淤積。
安平港、四草港及國賽港（今國聖港）取代鹿耳門港地位，形成海埔新生地「台江十六寮」（安南區十六寮）。
1803
海盜蔡牽侵擾臺南沿海地區，一度泊於鹿耳門。
1731
鹽水港開港。
1751
八掌溪轉向注入倒風內海，迅速淤塞陸化。
1823
曾文溪山洪暴發，直沖過安定蘇厝經鹿耳門入海。
1763
五條港北郊首先設立，府城重要商業團體三郊逐漸成型。
1725
朱一貴事件結束後，臺南始有木柵欄築城、而後在木柵外栽種刺竹。
1788
林爽文事件後，木柵欄改建三合土糊成的磚城，始具「府城」形貌。
1721
朱一貴事件爆發，從羅漢門（今高雄內門）沿淺山往府城攻去。

1900 1875 1850

1906
安平港因暴風雨日漸淤塞。

1865
英法聯軍後，安平開港通商，外商在臺南設立商行。

1870
灣裡街牛墟（善化牛墟）開始交易，曾是全臺最大牛墟。

1840
永康鯽魚潭因水患而逐漸陸化。

1895
日軍佔領臺灣過程，在竹篙山（今學甲）、蕭壠（佳里）至曾文溪兩岸間遭遇民軍強烈抵抗。

1871
曾文溪主流再往南改道，沖破鹿耳門古媽祖廟、西港蚵殼港附近之蘆竹崙。

1847
西港慶安宮舉辦首科王醮，後發展成西港刈香。

1832
張丙起事滋擾北臺南地區。

1900
「臺南驛」（今臺南車站）啟用，後於一九三六年改建為目前樣式。

1884
巴克禮牧師創設「聚珍堂」（今臺灣教會公報社），以教會羅馬字發行報紙，是為臺灣第一臺活字印刷機。

1835
張丙事件後臺南興建西側外郭，多了奠坤、兌悅、拱乾三門。

1905
「臺南市場」（俗稱大菜市，今西市場）啟用，一度是全臺灣最大市場。

1898
日本人開始開發關子嶺溫泉，名列臺灣四大觀光溫泉地。

1846
「虎頭山埤」啟用，被譽為臺灣最早水庫，後於日治時期入選臺灣十二勝景。

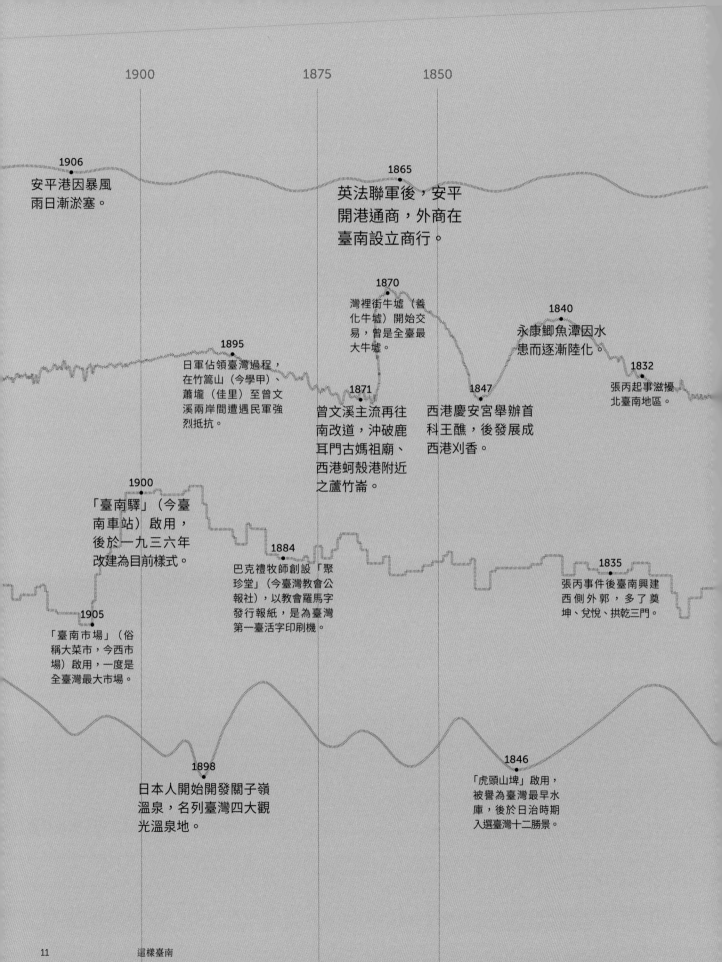

1925

1926
王烏硈創立「北門庄砂眼治療會」，為沿海地帶居民義診砂眼。

1919
「臺灣製鹽株式會社」成立。

1930
嘉南大圳導致曾文溪下游水量不足，再無法通行竹筏。

1919
「菁寮信用組合」成立，菁寮正處於藍染工藝的黃金時期，有多家「藍靛」染料工廠。

1912
明治製糖株式會社設總部於「總爺製糖所」（今麻豆總爺糖廠）。

1911
曾文溪洪水沖毀西港蚵殼港、舊大塭寮，轉由七股青草崙入海。

1932
「臺南野球場」（今臺南市立棒球場）落成。

「ハヤシ百貨店」開幕（五層樓仔，今林百貨），是全臺第二間、南部第一間百貨公司。

1930
舉辦「臺灣文化三百年紀念會」。

1926
「盛り場」（沙卡里巴，今康樂市場一帶）啟用。

1925
臺南運河落成。

1920
地方制度改正，臺南州範圍包含今大臺南、嘉義縣市與雲林縣，行政中心為「臺南州廳」（今國立臺灣文學館）。

1909
臺南市區通電。

1907
「大正圓環」（今湯德章紀念公園）落成，為市內首座圓環。

1931
左鎮菜寮溪流域發現鹿角化石，而後陸續出土左鎮人頭蓋骨、犀牛牙齒等，成為化石研究重鎮。

1930
「嘉南大圳」（今烏山頭水庫）竣工。

1929
牛肉崎石油礦區（後稱牛山礦場，今東山水雲里）始開採天然氣石油。

1922
山上「臺南水道」（今臺南山上花園水道博物館）落成使用。

1919
「公共埤圳官佃溪埤圳組合」成立。

1915
噍吧哖事件爆發，是為規模最大、傷亡人數最多的武裝抗日行動，影響遍及玉井、楠西、南化、新化、左鎮。

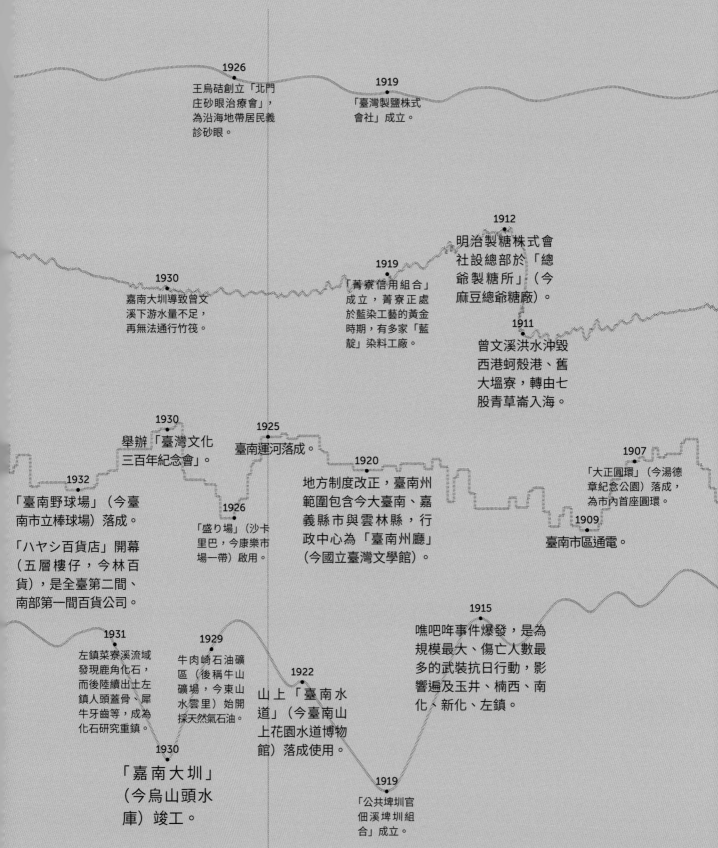

1950

1954
臺灣醫學會提出「烏腳病」一詞，常見於臺南沿海地區。

1938
臺南新港口完工（位於安平南方兩公里處），取代原先的四草湖。

1950
中共省工委麻豆支部案牽連甚廣，是為白色恐怖中受難者刑期最重、最長之例。

1936
連接西港、安定的「君ガ代橋」（今西港大橋）通車。

1947
二二八事件後，臺南縣參議員、臺南縣商會理事長黃媽典於新營圓環公開槍決。

1938
曾文溪沿岸築堤工事完工。

1956
「臺灣省立工學院」改制為「臺灣省立成功大學」，為臺南第一所大學。

1952
郭柏川等人組織「臺南美術研究會」。

1954
臺南紡織股份有限公司成立，「臺南幫」逐漸成形。

1947
二二八事件後，民選市長湯德章律師在大正圓環公開槍決。

1945
臺南州改為臺南縣、臺南市、嘉義市，後兩者設為省轄市。

1933
楊熾昌等人成立「風車詩社」。

1960
張燦鍙、蔡同榮、羅福全等臺獨人士私下召開「關子嶺會議」。

1954
玉善線通車，將甘蔗從玉井運送至善化糖廠。

1943
日本民藝運動之父柳宗悅盛讚有「竹細工之村」美名的關廟竹藝之美。

1975

1987
「七股海堤」落成，曾文溪海埔新生地成為全球逾半黑面琵鷺棲息地。

1970
「國聖燈塔」重立於現址（前身為一九三八年的曾文燈臺）。

1971
「安平工業園區」成立。

1995
「南部科學工業園區」成立。

1986
二仁溪爆發「綠牡蠣污染事件」。

1980
「臺南縣肉品屠宰場」設於善化，負責全市牛肉屠宰工作。

1976
連接善化、麻豆的「麻善大橋」通車。

1971
「亞洲蔬菜研究發展中心」設立於善化。

1993
「臺南市海安路地下街工程」動工。

1983
「臺南中國城」落成，一度是臺南繁華的指標。

1970
臺南美國新聞處（今愛國婦人館）爆炸事件。

1992
「奇美博物館」於仁德成立。

1988
「臺南市農產運銷股份有限公司」於新化成立。

臺南農會於大內設立「走馬瀨農場」，全臺第一座休閒農業主題遊樂園。

1978
「仁德工業區」成立。

1973
「曾文水庫」竣工。

1965
「白河水庫」落成。

1964
玉井開始種植愛文芒果。

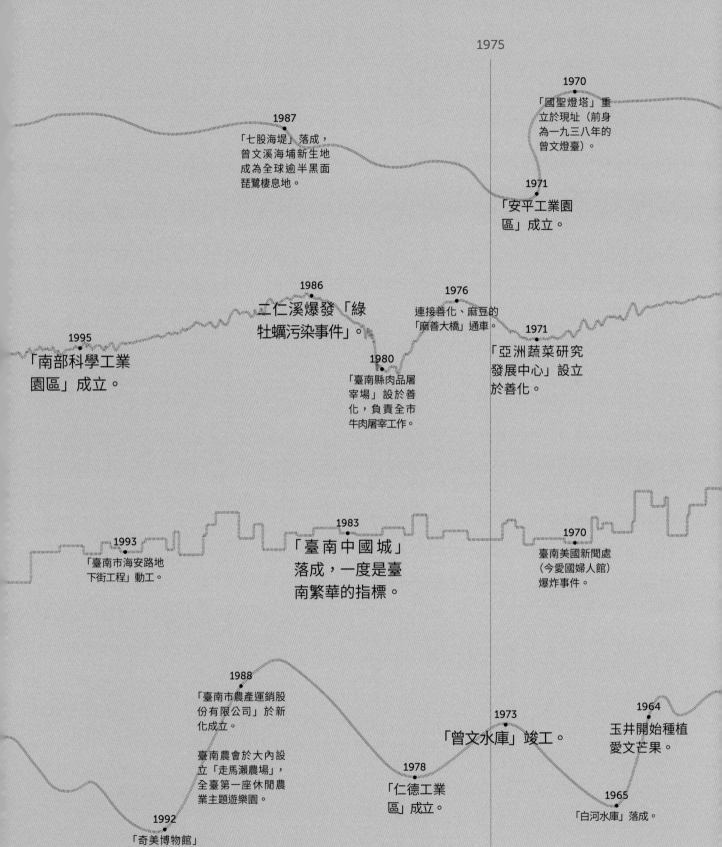

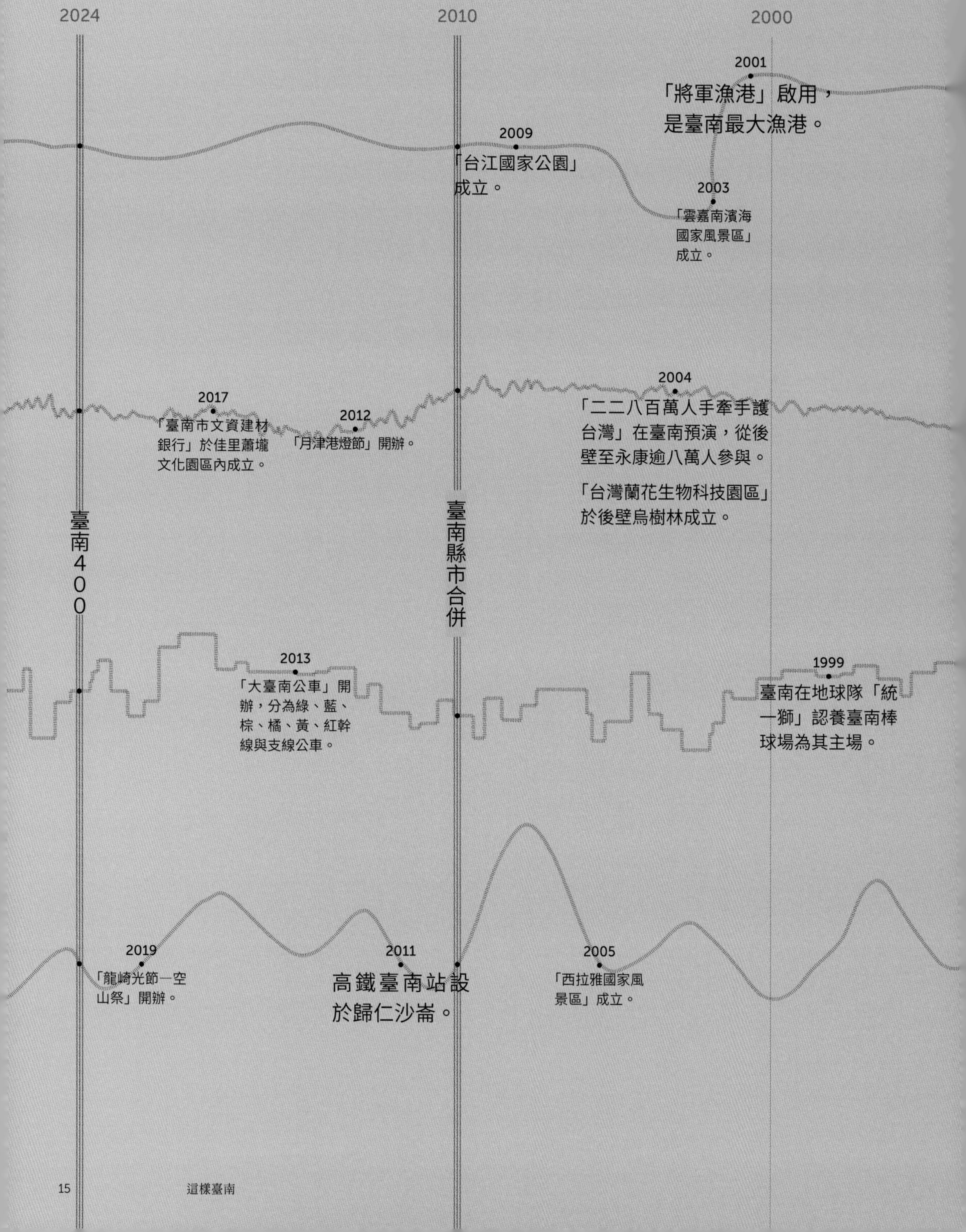
2024
2010
2000
2001
「將軍漁港」啟用，是臺南最大漁港。
2009
「台江國家公園」成立。
2003
「雲嘉南濱海國家風景區」成立。
2017
「臺南市文資建材銀行」於佳里蕭壠文化園區內成立。
2012
「月津港燈節」開辦。
2004
「二二八百萬人手牽手護台灣」在臺南預演，從後壁至永康逾八萬人參與。
「台灣蘭花生物科技園區」於後壁烏樹林成立。
臺南400
臺南縣市合併
2013
「大臺南公車」開辦，分為綠、藍、棕、橘、黃、紅幹線與支線公車。
1999
臺南在地球隊「統一獅」認養臺南棒球場為其主場。
2019
「龍崎光節—空山祭」開辦。
2011
高鐵臺南站設於歸仁沙崙。
2005
「西拉雅國家風景區」成立。

Tainan Defined

每個人的400

不同人們眼中所見、心中所期待的臺南是——

文字來源｜400講（「臺南400——一起臺南 世界交陪」官方網站）

如果臺南史如同一幅不斷向前展開的畫卷，在臺南四百年的時光裡，我阿公創立的「春源畫室」，很幸運的蒙受眾神的眷顧，用了橫跨了三代人近百年的時光，在臺南的畫紙上留下一幅長卷的廟宇美術史。我也希望除了潘春源、潘麗水、潘岳雄的畫之外，還有更多廟宇的畫作能被新一輩的臺南繪師畫出。因為時代仍會飛奔向前，臺南的畫卷也不僅止於四百年，我們需要更多新一輩的繪師為臺南繼續作畫。

——潘岳雄 春源畫室第三代傳統彩繪畫師

茶不是神秘的歷史，它是生活的思維，也是庶民面對環境變遷的知命樂天。府城喝茶，四百年來不隨便，有閒待您奉茶。

——葉東泰 奉茶、十八卯茶屋創辦人，茶文化推廣者

#底蘊

不只古老，而是依然讓人心動

在我小時候，自許為郎君子弟而日夜「敎桃」（玩音樂）者比比皆是，多半都是接近傍晚後，陸續聚集到館閣一路唱奏到午夜，吃完夜點（母親常常會煮菜粥）後再繼續，直至滿意才漸漸散去迎接次日黎明。這樣的盛景是每天都有，也難怪當時的藝術如此講究。而「站山」（贊助者、愛樂者）對於南管音樂、南管人的重視程度也是現在很難想像，有斯時時髦現撈現片的生魚，也有中秋包船夜賞運河美景，那些站山對弦管人花起錢來總是甘之如飴。

——張栢仲

南管藝術家，臺南市南聲社藝術指導

傳統的鬧熱鑼鼓廟聲直直伴奏府城的發展，教堂的祈禱詩歌看顧市街的變革無煞。新舊文化攏伫遮熱情交陪，成做互相的支持佮安慰，予獨特的臺南文化雄壯現身。新媠的臺南美麗做頭，臺灣各地方也沓沓搜揣（tshiau-tshuē，探尋）彼个上媠的家己，重新妝娗，自信起行。隨人無仝的在地媠氣，椪出豐沛（phong-phài，豐富）、闊大的臺灣主體文化。

——呂美親 國立臺灣師範大學臺灣語文學系副教授

#煙火氣

這裡是過日子的好地方，記憶裡那首永遠的歌

臺南是一首歌，我不在臺南的時候，會想起它。在一座生疏的城，一個淺眠的夜，我巡游過的那些異鄉。

記憶中的臺南，清晨會有薄霧飄過，薄薄的一層，像母親臉頰上的胭脂。夏天颱風過境，大雨嘩啦啦落下，透天厝的屋簷被敲得像鼓號樂隊的節奏一樣熱鬧。

——陳德政 作家

有些詞彙對我來說是會勾人的：比如接送、會面點、轉運站、交流道……大臺南客運橘幹線上路，開啟我的臺南故事的新紀元，這一條連接玉井佳里的路線，怎麼看都是一條天然的故事線，那像是一座移動的教室，可以歷史，可以地理。可以限動。可以截圖。途經的大內、善化與麻豆，疊合、複寫與編織著我的臺南地圖。這是我的想像臺南的方式。

我正身體力行，知道人生就是一段一段。而一百年。四百年。也都是一段一段接起來的。

——楊富閔 作家

臺南最珍貴的是好客，從每道菜都加珍貴的蔗糖款待，到熱心介紹每一個歷史故事的臺南人，若不是有這些如夏日暖陽般的人啊，真還不知道臺南有著那麼多的故事。從鄉下互相贈與自家產的農產，市場裡的買賣還價十八招，到市區怕你餓就餵食你的人們；就臺南幸運因為有著這些好客而熱情的人啊，才可以使臺南每年都得以如此精彩。

——胡乃七 插畫家

臺南雖然炎熱、沒有太明顯的季節更替，但時令的儀式感卻遠比其他五都更為明顯，從飲食、節慶與各種祭儀中展現出來，城中居民也將成為歷史記憶的一部分。

——謝金魚 歷史作家，現移居臺南

我的祖先選擇府城外的「草地」歸仁，最遲在乾隆時期已經定居，至今繁衍多代。音樂家林榮德即是來自我家族。我的長相常被說，就跟十九世紀約翰・湯姆生（John Thomson）攝影集中西拉雅族女性一般。而我所講的「歸仁腔」臺語，總被以為不標準。直到我遠赴臺東師專讀書的時候，才知道家鄉方言的特殊。等到自己做臺灣史研究，才慢慢探詢家族的根源。

——林玉茹 中央研究院臺灣史研究所研究員

#時光

越久遠，越能帶來想像未來的可能

走進最近剛發現的一條臺南「古巷」裡，發現了一片開闊的草原，放眼望去，可以看見有一群猛瑪象，中間穿插著幾隻小猛瑪象正在補充水分。再鑽進另一條遠古巷子裡探索看看，有一條小溪的河水正潺潺的流動著，突然間一個巨大的身影、帶著長吻部的鱷魚從溪流中緩慢的走出來，似乎剛飽餐一趟，接下來準備享受那臺南的大太陽——翻開手邊的臺南遠古圖鑑，竟然讓我們實際的觀察到了俗稱臺灣的「鱷魚公主」、目前仍只有在臺南發現的特有物種：臺灣豐玉姬鱷。

——蔡政修
國立臺灣大學生命科學系／生態學與演化生物學研究所副教授

臺南、紐約位居地球兩端，但在歷史機遇下，皆於一六二四年被捲進世界波瀾之中。其後，各方人群也是紛集臺南，既有過客往來，亦有落地生根，長久以來都在這塊土地上累積並形成了豐厚斑斕的獨特文化面貌。時值四百年之後，紐約與臺南都開始在回應這段歷程。而臺南要如何梳理這座城市的面容、特質、其在世界的位置，以及提出未來城市發展的願景與想像？

——蘇峯楠 國立故宮博物院書畫文獻處助理研究員

#喧嘩

更廣闊的空間，
更多元的人群

麻豆區的「客仔寮、北路客仔」、東山區的「前大埔、大客庄」、白河區的「客庄內、海豐厝、詔安厝」、歸仁區的「客仔寮」、中西區有「大埔街」等，皆證明了客家曾於此落腳開墾的歷史。

——楊長鎮 客家委員會主任委員

回想起在臺北唸大學的日子，老師得知我是臺南人後問我：「哪家牛肉湯好喝？」讓我有些無措，才發現原來這麼多人喜歡到臺南品嚐牛肉湯。我老家在永康……但同學、老師口中的臺南，似乎並不包含永康。臺南如今建城四百年，最早的臺南指的是安平古堡、赤崁樓一帶。在我童年時，臺南僅指當時的臺南市，而現在的臺南市包含過去的臺南縣，有文化正在蓬勃發展，但也有文化正在流失。期許四百年後的臺南人，在被問到「哪家牛肉湯好喝？」之外，人們還能大談鹽水的鴿笭、玉井的噍吧哖事件遺址保存現況，以及在七股品嚐到美味的鮮蚵。

——楊元慶

溜溜球項目金氏世界紀錄保持人

西拉雅族人在四百年前世居臺江內海沿岸，當荷蘭東印度公司築起熱蘭遮堡，宣告西拉雅族人顛沛流離的開始，清朝政府在新港社人舊生活領域砌起了城牆，設置了政經統治中心的臺灣府城，加速了西拉雅人喪失傳統領域土地、語言、文化的速度，被迫避遷丘陵山區保住了民族的命脈。建城，一直是人類文明裡強權統治的證明。

——段洪坤 西拉雅文化研究者

#再詮釋

像一張包容的畫布，以各種媒材染上色彩

當我們切開臺南這塊城市時，多重的風景與味道融匯為這個城市的黏膩口感。看著叉在手上的這一口雞卵糕，我們毫不猶疑的一口吃下，然後得到各自的滋味：那些殖民的與被殖民的，那些離開與定居的，那些流淚與微笑的，都是這個城市的此時此刻。

——陳慧勻 「雞屎藤舞蹈劇場」副藝術總監、淡江大學通核中心專任副教授

臺灣是移居者之地，臺南亦不例外。我最喜愛的臺南作家，其中一位便是出身臺南世家，後來移居臺北陽明山的黃靈芝。他在二戰後始開始用日文寫作俳句與小說，直到他謝世之後四年的二〇二〇年，小說中譯才出版，找到他的讀者。小說〈天中殺〉所書寫被外來租客莫名擺弄的荒謬，我覺得是臺灣人命運的集體寓言，於是結合了另一位臺南作曲家李元貞，以歌劇形式詮釋，在二〇二三年搬上衛武營與臺北表演藝術中心的舞臺，吸引了更多隔代讀者。

文學，從過去到未來互相啟迪、銜接、對話，成為一代代互補的記憶，也刻下這座城市中屬於每一個獨特的人的歷史。

——鴻鴻 詩人・導演

面對臺南四百，不僅是對於歷史過往的追尋與謳歌，更是一個自我認同的探索之旅，他關乎「你是誰」、「你從何而來，又欲往何方」，你期望臺南五百之時，這片土地會長成什麼模樣呢？

——簡翊修 阿伯樂戲工場團長／製作人／導演

（攝影／蘇雅欣）

第一章

ECHOES & QUES

張隆志：「在二〇二四，聽見來自一六二四的歷史回聲。」

文字—林欣楷　攝影—郭宛諭

二〇二四年，是屬於「臺南400」的一年。從百花齊放的活動中穿梭而過，是時候回到一切的原點：什麼是臺南400？為什麼要談臺南400？國立臺灣歷史博物館（以下簡稱臺史博）館長張隆志於二〇二一年春天走馬上任，在此之前，他不只在中央研究院服務了二十多年，是知名的臺灣史學者，更是來自臺南白河的在地人。這一題，邀請他來回答——對於此刻當下的我們，臺南400究竟意味著什麼？

張隆志

臺北長大的臺南白河人，美國哈佛大學歷史與東亞語文研究所博士。現任國立臺灣歷史博物館館長，曾任中央研究院臺灣史研究所副所長。近年策畫主編多本史學史與公眾史學作品。

一六二四，重要的參考座標

時間回溯四百年，一六二四年緩緩浮現在眾人視野，它是荷蘭人建立熱蘭遮城的年份，也是臺灣文明與殖民勢力碰撞的年代，這是歷史課本告訴我們的。但若跳脫個別城市或族群的視角，以整片臺灣土地及其上人民的尺度來看，一六二四年絕非臺灣歷史的起點，更像是一個重要的參照點。

在張隆志眼中，於綿延上千年的臺灣歷史長河裡，一六二四年之所以別具象徵性，理由在於它是臺灣跟世界相連結的重要年份，「同時，它也是臺灣的原住民或島民、特別是西拉雅族群與世界相遇的一年，因此除了重視臺灣在世界史裡的經緯座標外，更重要的是臺灣島內各族群如何看待『臺南400』這件事。」

十七世紀時，世界貿易體系逐漸擴及東亞，「無國家地帶」一個又一個被全球的國家體系囊括，荷蘭人進入臺灣，緣於東亞地緣政治結構變動下出現的空隙。首先是中、日兩國在一五九〇年代爆發戰爭，讓兩國透過第三地中轉的貿易盛行；再者，荷蘭、西班牙與葡萄牙等西歐諸國爭霸海上，最後形成中國各省海防官員、洋商、走私者與日本海商、唐商間相互牽制及合作的動態平衡。

一六一七年，在颱風的幫助下，荷蘭人於馬尼拉海域順利擊敗西葡聯合艦隊，得以封鎖澳門、馬尼拉，勢力向東亞地區延伸，並在一六二二年占領澎湖，截斷閩南地區與馬尼拉的貿易線，影響原本在此間活動的中、日海商。於是，李旦等長崎海商出面斡旋明軍與荷蘭人，使荷蘭人最後選擇於一六二四年立足臺灣、取代占領澎湖，並加劇荷、日商人爭奪大員港口的主權。隨後，暹羅政情不穩定影響國際鹿皮市場，導致一六三〇年代荷蘭人將嘉南地區的平埔族群納入統治，以擴大鹿場範圍。[1]

究竟該怎麼理解臺南400？一方面，回到歷史現場思考臺灣近現代歷史的發展，看見島嶼的命運如何與世界相遇、串連；另一方面，擺脫殖民史觀或民族主義史觀，從當代甚至未來的角度重新思考一六二四——這，既是張隆志對於臺南400的想像，也是臺史博年度特展「跨・1624：世界島臺灣」交出的答案。

1 整理改寫自鄭維中，〈荷治時期與臺灣無國家時代的消逝〉，《跨・1624：世界島臺灣」特展展覽專刊》。

《「跨・1624：世界島臺灣」特展展覽專刊》封面，此展覽是臺史博對「臺南 400」給出的詮釋。(圖片提供 / 國立臺灣歷史博物館)

TAINAN400 FILE 01

「跨・1624：世界島臺灣」國際特展

時間｜2024.2.1～6.30　地點｜國立臺灣歷史博物館

一六二四年是臺灣與世界相遇的年份，本特展以「跨越」的視野回顧十七世紀臺灣與世界的連結，更關注一六二四帶出的相關課題，邀請觀眾思考、對話，重新理解臺灣歷史。

指導單位｜文化部
主辦單位｜國立臺灣歷史博物館、國立歷史民俗博物館
國際協力｜神戶市立博物館、松浦史料博物館、Rijks museum、National Archives、Universiteit Leiden
國內協力｜臺南市政府文化局、臺南市立博物館、澎湖縣政府文化局澎湖生活博物館、臺東縣政府文化處臺東美術館、高雄市立歷史博物館、國立臺灣博物館、國立臺灣史前文化博物館南科考古館、國立臺灣美術館、財團法人奇美博物館基金會、財團法人陳澄波文化基金會

以動態邊界構築對於臺南的想像

「要重新思考一六二四，"transcending"是個重要的關鍵字。」

Transcending，超越界線。張隆志強調歷史即為動態的過程，好比現在即便縣市早已合併，舊臺南縣的居民仍常在對話中以「去臺南」代表進臺南市區，可見就連「臺南」本身都是個動態概念。

除了空間的流動，時間的變化也不可忽視。今日位於安平的熱蘭遮城在一六二四年名為大員，熱蘭遮城旁的普羅民遮城在鄭氏來臺的一六六二年後成為如今耳熟能詳的赤崁樓，「從荷蘭、明鄭、清治，一個聚落、一個城市再到今天的一個都會，我們對熱蘭遮城和一六二四年的想像是逐步滾動而成的。」唯有回到歷史脈絡觀察這動態的歷程，才能更精準地回答何謂臺南400。

而既然過去是不斷流動、變化的，所謂的一六二四年自然也充滿歷史的偶然。

十六到十七世紀，臺灣主要是日本海商、海盜，及中國華南的季節性漁民活動的據點，直到荷蘭人因為希望與中國貿易，在澎湖建立據點未果，才在種種考量下輾轉來到臺灣，並於一六二四年建立城堡。

張隆志認為，正是這偶然的機遇，才使漢人漸漸成為福爾摩沙歷史舞臺上的要角。當時在今日臺南地區居住的主要是平埔族群，特別是西拉雅族四大社，漢人僅有零散聚落。直至荷蘭人從中國華南引進農民從事熱帶栽培業，再加上一六六二年鄭成功來臺並帶來大量漢人移民，漢人的聲勢才水漲船高。

誰的一六二四？多元視角對焦的歷史圖像

正因如此，那些長期被忽略與壓抑的聲音，才更該側耳細聽。

張隆志稍微岔開話題，介紹臺史博於二〇二四年六月推出的另一檔以清法戰爭為主題的特展「清法戰爭：西仔反印象記特展」，「這個展展出了當時的報導、隨軍醫生的日記、攝影師的影像紀錄和清軍士兵的檔案紀錄，試圖重構在戰爭之下，一群小人物們如何看待戰爭。」

為什麼是清法戰爭？因為今年除了是臺南400，同時也是牡丹社事件一百五十週年和清法戰爭一百四十週年，雖然與臺南400的脈絡看似無關，但它和「跨・1624：世界島臺灣」的共通點都是強調民眾經驗，這也是「西仔反」這個展名的由來——當年，清法戰爭在臺灣人口中被稱為「西仔反」，「西仔」正是「法蘭西」之意。

而在今天回望一六二四，平埔族群即為我們不能忽視的身影。雖然他們留下的文字記載較少，但透過研究檔案與圖像資料的重新解讀，還是有機會重新詮釋歷史場景，如本次特展臺史博便在結尾設

一六二四年並不是臺灣歷史的起點，更像是一個重要的參照點。

計「1624歷史教室」，邀請四位研究者與西拉雅族人對一六二四發表看法：致力於西拉雅族群運動與文化復振的段洪坤（Alak Akatuang）指出，臺南400是西拉雅族人痛苦記憶的開始，應該要用土地而不是文字來記錄歷史；臺灣早期史資深研究者翁佳音認為，在歷史研究中，年代是一種歷史記憶的方式，但同時也是一種歷史記憶被開啟和討論的手段；研究季風亞洲與西班牙史的學者李毓中則表明，西班牙是最早想殖民臺灣的國家，因為臺灣可攔截往來馬尼拉與閩南間的船隻，但荷蘭人卻意外來到臺灣，讓兩個海權國家的競爭改變臺灣的發展。

「不同族群對相同事件當然有不同的解釋與觀點，但這不妨礙大家以宏觀的角度看待單一事件。相反的，這些迴異觀點都是交流與對話的契機，才能展現歷史較為多元的樣貌。」

是紀念，更是對話的起點

「臺南400不是還沒結束嗎？」在歷史意義之外，被問及對於臺南400一整年活動的觀察，張隆志的第一個反應是如此反問。

以文博會和台灣燈會期間於傳藝中心演出的《1624》歌仔音樂劇為例，戲中透過結合臺灣漢人傳統的歌仔戲與音樂劇，從荷蘭人、海商集團、中國官方朝廷與原住民等不同視角，重新演繹各族群在十七世紀相遇、合作及衝突的多變關係，建構起編劇施如芳所言——「每個人都可能是獵人，也可以是獵物」的時代，激發許多討論與對話。

「這些討論與對話是很好的起點，讓我們重新思考：到底一六二四意義何在？是從誰的角度看這些臺灣史發展？」

令張隆志印象深刻的另一項活動，則是臺南市美術館舉辦的大展——「我們從河而來：流域千年．文化共筆」。此展從六條河的角度思考臺南城市跟生態的歷史，進而從當代空間與環境帶領大家認識自己所處的鄉土，引領觀者以現在進行式的角度看待未來，並愛護這片土地。在這個已有高度歷史感、紋理與質感的都市裡頭，從嶄新視角理解臺南，在張隆志眼中，都傳達了臺南400的精神。

「跨．1624」特展的最後一單元是「1624歷史教室」，提出五個與臺灣歷史相關的課題，如「你如何看臺灣大航海時代？」，希望展覽不只是展覽，也是開啟對話及打開思考的平臺。（圖片提供 / 國立臺灣歷史博物館）

以"transcending"重新思考一六二四，
看見歷史不斷延展的動態邊界。

臺南４００，還有許多故事可說

在本次臺南４００系列策展與活動中，臺史博定位自身為「積極的參與者」。儘管如此，博物館在整體活動裡只是定位點之一：讓大家重新思考這些文物、物件作為文化資產的載體，如何呈現集體記憶與歷史文化的價值。

以策畫者的角度而言，張隆志笑道：「就是因爲平常很忙，沒有太多機會接觸這些東西，剛好利用『臺南４００』為契機邀請市民關注，提醒大家原來我們生活周遭有很多重要、有趣且有意義的文化資產和物件。」

或許臺南４００系列活動本身就是個大型儀式，針對臺南這個空間凝聚新的集體記憶；大眾遊走於眾多活動之中，思索「為什麼要參與這樣的活動」。不需人人張口都能說出一套歷史或文化資產論述，在公眾史學的觀點，舉辦與參加這些活動就是公眾史學的實踐，它促使人們思考——想要提供或接收什麼性質的歷史知識？歷史也在此嘗試與辯證下，成為培養當代民主社會公民素養的管道。

「以歷史知識的再生產與詮釋為例，除了說一個有趣的故事，為了具備支撐這個故事的實質性，甚至讓它擁有學術性的內涵，我們的工作——如田野調查——應該更深化、持久，讓能量得以延續。」這當然是張隆志對歷史研究者的期許，但無論是知識的生產、轉譯、傳播或接收，在不同位置上的角色若都能發揮長處，匯聚這些力量，將不只能寫出更多歷史，也寫出更好的歷史。

如此看來，一如張隆志所言，臺南４００果然還沒結束。歷史將會不斷書寫下去，而臺南４００是我們思考臺南、甚至臺灣，一個未完待續的開始。

Q&A

歷史學家的快問快答

Q 說到臺南400的歷史，會想推薦大家一觀的作品是？

A 我當然最希望大家看我們的《「跨．1624：世界島臺灣」特展展覽專刊》。（笑）我覺得它圖文並茂，編得滿不錯的。第二本我想推薦貝喬思（Joyce Bergvelt）的《福爾摩沙之王：國姓爺與荷蘭東印度公司的臺江爭霸》。她是一位荷蘭女作家，顧名思義這是一本有關國姓爺的歷史小說，我覺得它是非常生動的作品，且提供我們比較不熟悉的鄭成功跟十七世紀臺灣史圖像。

Q 身兼博物館館長與歷史研究者兩種身份，看待臺南400的觀點有何不同？

A 應該沒有不同之處，這兩個身份於我而言相輔相成。學者重在研究歷史、而博物館重在展示跟教育推廣，所以這兩者就是一個公共歷史學循環中的不同環節，能結合這兩個身份是滿幸運、幸福的一件事。

Q 身為臺南人，說到「臺南」首先會想到的是？

A 因為我自己其實是在臺北長大的臺南白河人，對我來說臺南的空間範圍的確就是目前這三十七個區。但以歷史學者的角度而言，以前的臺南州遠比現在的臺南更大，甚至包括如今雲林和嘉義的範疇，所以在我心中「臺南」是更開闊寬廣的。當然府城本身還是很重要。

Q 若能穿越時空回到四百年前的臺南，最想做的事或最想親眼見證的場景是？

A 我最想去的就是我們特展展品〈荷蘭尤紐士牧師為蕭壠社人受洗圖〉裡的教堂，希望我也可以坐在那些平埔原住民當中，聽聽尤紐士到底如何宣講，以及西拉雅的原住民怎樣去回應與思考。當然如果有機會也想參加西拉雅的活動，例如獵鹿或祭典。

Q 有沒有最印象深刻的臺南歷史小故事？

A 這題滿難的，如果問臺南小吃我當然答得出來，臺南小故事的話……讓我被扣分吧。

不過我希望大家去看一下安南的小故事，海尾寮朝皇宮與臺南社區大學臺江分校共同舉辦「大廟興學」，採集了很多在地故事，凝聚家族與聚落的意識，做得很好，投注了二十年時間推廣在地教育。他們還有推行「山海圳國家綠道」義行，以海邊的小村落為起點一路往玉山串聯，有著「溯源風土的文化路徑」旨意，是讓我滿印象深刻的在地教育例子。

歡迎來到「看得見的臺南史」，來做個歷史的想像練習吧
——若回到四百年前的臺南，會在這裡遇見哪些人、發生什麼事？
讓我們用藏品帶你看見，那些曾在這片土地上發生的故事。

文字｜吳芮甄

荷蘭人

一六二四年，「荷蘭人」踏上大員（今臺南安平），他們可能是來自歐洲各國的水手、士兵與傳教士，但同為荷蘭東印度公司的僱員。東印度公司意在尋覓一處中日貿易轉運站，隨著他們身影出現的，是熱蘭遮城——其在大員建立的防禦堡壘與軍政中心。這座城鄰近臺江內海，中日商人頻繁往來，頗為繁盛。不過，荷蘭人明白，與具土地、人數優勢的西拉雅人建立關係，才是生根的關鍵。新港社最先與公司結盟，提供土地、並行商業往來。穩固港邊商貿後，一六三五年公司直入內陸，盪平四大社、簽署和平條約，並以地方會議等方式有效控制西拉雅人。而雖以中日轉運起家，但臺灣的千里沃土使公司不久後便打起農作出口的主意，祭出工具、土地等優惠，吸引大批福建、廣東沿海移民來臺開墾。近四十年以來，臺江內海的船隻來去，直到一六六一年鄭成功來襲，荷蘭人在大員的日子才畫下句點。

平埔族群

血脈源於史前蔦松文化（距今一千八百五十至五百年前），他們是沿臺江內海、倒風內海而居的西拉雅族、於淺山與沿山平原一帶的大武壠族及洪雅族——臺南的原生住民。早在十七世紀以前大員已開始對外往來，西拉雅文化（距今五百至三百年前）社內遺址中的漢人貨幣、髮簪即是證明。而傳教士更在一六二七年便走入族人生活，一方面於各社開設學校、以羅馬字書寫西拉雅語傳授聖經，帶來新的信仰世界，另一方面又將兩百五十名尪姨放逐至諸羅山。而後，一六三〇年代荷蘭人征服各社，賜與長老權杖，命他們以東印度公司為領主。當荷蘭人離去，隨著漢人移墾與清帝國到來，「熟番」成為族人的新名字，並因番屯制度遷徙。靠海的西拉雅人來到淺山，大內、玉井等淺山的大武壠人則往六重溪、楠梓仙溪與荖濃溪一帶，而洪雅從東山遷至白河。百年來，他們移動卻未曾離去，靜看這塊土地歲月流轉。

1624圖鑑

漢人移民

十六世紀時，每當北風吹起，福建漁民總逐烏魚來到大員。但因忌憚島上原住民，他們僅在沙洲上留下歇息用的草寮，直到荷蘭人挾帶火力而來，漢人才在一六三〇年代開始大量移入。務農移民對水稻情有獨鍾，漁民則在大員市鎮周遭定居，供應市鎮最鮮的漁獲；具商業背景、熟識多語的漢人成為通事，在荷、原、漢間周旋。「漢人是福爾摩沙島上唯一釀蜜的蜂種」，荷蘭人如此驚嘆。當時以福建、廣東兩省移民為大宗，客家人也會協助荷蘭人翻譯，並擔任各處贌商的保證人。漢人為了更好的生活跨海而來，但逐年增加的稅收卻令人喘不過氣。「殺啊！殺死紅毛狗！」一六五二年，一名漢人頭家郭懷一曾率眾反抗，約五千人參與，雖以失敗告終，但一六六二年鄭成功旋即驅離東印度公司，漢人繼續移入，農耕地區逐漸擴張，沿海則出現漁村，接應更多移民來臺。自此，島上的地景被大幅改變，直到今日。

中國與日本商人

十六世紀起，源於朝貢中斷及海禁政策，走私是中日兩國白銀往來的唯一途徑，兩國商人常在中南半島各港會面，直到荷西兩國的南海爭鬥擴及馬尼拉，遠離戰場的大員才成為中日貿易新天地。日人來航船隻是經幕府將軍核可的朱印船，當時日本正值戰國時代，急需大量鹿皮製作甲冑，來此日商除了收購中國生絲，更常將鹿皮一掃而空，直到一六三五年德川幕府鎖國才不情願地回國。至於中國商人，彼時海盜猖獗、查禁嚴格，他們想來大員可得看鄭芝龍的臉色。一六二八年，以盜起家的鄭芝龍受明帝國招撫管理海上事宜，在東亞海域獨霸一方；一六三四年在鄭芝龍許可下，大員正式成為中荷轉運站。不過，做生意總歸以利相交，一六四一年鄭芝龍決定獨壟日本生意，令中國商船逕直航往日本，來大員的華商數量銳減。直到鄭芝龍之子鄭成功到來，大員才再次成為中國商人的走私之地。

荷蘭人

拉開新時代的序幕

1
荷蘭聯合東印度公司的起源與發展
（圖片提供／國立臺灣歷史博物館）

一六四六．國立臺灣歷史博物館

超過兩千頁，收錄不少航海日記與旅行見聞，是一六〇二年成立以來，荷蘭聯合東印度公司在亞洲活動的第一手資料！其中兩篇：一六〇四年荷蘭東印度公司船隊成員的韋麻郎航海記，以及首位來臺新教牧師甘治士的原住民民族誌，是十七世紀臺灣的珍貴紀錄。

2
大員熱蘭遮城與城鎮圖
（圖片提供／國立臺灣歷史博物館）

一六七〇．國立臺灣歷史博物館

描繪出熱蘭遮城、七鯤鯓沙洲與臺江內海。

1

TAINAN400 FILE ———— 02

歐亞首戰・在大員
—楊炳輝巨幅油畫暨史料特展

時間｜2024.2.24～6.16
地點｜國立臺南生活美學館

展出一幅幅臺灣少見的歷史油畫，從軍服、武器，至戰場環境無不考究，只為重現四百年前荷鄭交戰的氣勢磅礡！

TAINAN400 FILE ———— 03

考古埕—尋找熱蘭遮城市鎮

時間｜2024.9.22～2025.3.23
地點｜安平「劍獅埕」園區

呈現大員市鎮遺構五年來的考古現場，帶領人們從日治走回荷蘭時代，藉由一沙一土拼湊過往的熱蘭遮風華。

2

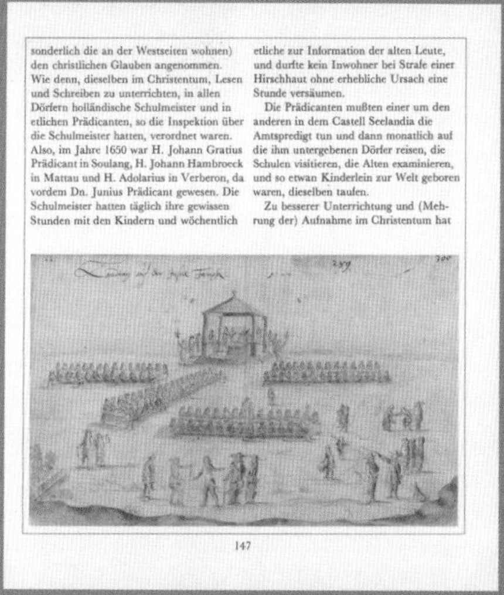

sonderlich die an der Westseiten wohnen) den christlichen Glauben angenommen. Wie denn, dieselben im Christentum, Lesen und Schreiben zu unterrichten, in allen Dörfern holländische Schulmeister und in etlichen Prädicanten, so die Inspektion über die Schulmeister hatten, verordnet waren. Also, im Jahre 1650 war H. Johann Gratius Prädicant in Soulang, H. Johann Hambroeck in Mattau und H. Adolarius in Verberon, da vordem Dn. Junius Prädicant gewesen. Die Schulmeister hatten täglich ihre gewissen Stunden mit den Kindern und wöchentlich etliche zur Information der alten Leute, und durfte kein Inwohner bei Strafe einer Hirschhaut ohne erhebliche Ursach eine Stunde versäumen.

Die Prädicanten mußten einer um den anderen in dem Castell Seelandia die Amtspredigt tun und dann monatlich auf die ihm untergebenen Dörfer reisen, die Schulen visitieren, die Alten examinieren, und so etwan Kinderlein zur Welt geboren waren, dieselben taufen.

Zu besserer Unterrichtung und (Mehrung der) Aufnahme im Christentum hat

147

3

4

3 **東西印度驚奇旅行記（重刊本）**

（圖片提供／國立臺灣歷史博物館）

一九八三・國立臺灣歷史博物館

荷蘭時期原住民的地方會議圖。

4 **鄭荷臺江海戰圖**

（圖片提供／楊炳輝）

二〇〇八・楊炳輝

考究兩軍武器、再現一六六一至一六六二年氣勢磅礡的鄭荷之戰。

平埔族群

見證土地的風起雲湧

1 「原原不止400年—原住民族群文化展」土台屋建築作品

二〇二四・蕭壠文化園區西拉雅館

土台屋是西拉雅與大武壠族的傳統建築，土台即土製的房屋基底，台面上的建築本體則由竹子編制。建造者李天生特別提到：「冬季前後十天的竹子較勇，少蟲蛀。」

2 乾隆五十五年新港社番礁巴李沙喃、李文貴（遺）等立典契字

（圖片提供／國立臺灣博物館）

一七九〇・國立臺灣博物館

西拉雅族在荷蘭人的影響下開始以羅馬字拼音、書寫母語，後常用於契約文書，是為「新港文書」，如此件雙語契字。

3 番社采風圖捕鹿

（圖片提供／國立臺灣歷史博物館）

一九九七重印，原品製於清乾隆間（一七四四至一七四七）・國立臺灣歷史博物館

鹿是平埔族群的重要獵物，十七世紀後因荷蘭人和中國人大量貿易鹿皮，鹿群數量日漸萎縮。

本棟土台竹屋是由
西拉雅族83歲(民國30年生)
竹藝師傅李天生獨立完成的作品
仿番社采風圖的土台屋建造而成

1

4
大道公陶罐
（圖片提供／國立臺灣史前文化博物館南科考古館）

國立臺灣史前文化博物館南科考古館

在大道公遺址發現豐富的西拉雅族文化遺留。

5
永曆通寶
（圖片提供／國立臺灣史前文化博物館南科考古館）

十七世紀．國立臺灣史前文化博物館南科考古館

西拉雅族社內遺址出土各種漢人錢幣，顯見部落與外界的往來交流。

TAINAN400 FILE —— 04

千年俯瞰400：
走向西拉雅族的原住民考古

時間｜2024.10.1～2025.3.2
地點｜國立臺灣史前文化博物館（南科考古館）

展示西拉雅人親手發掘的蕭壠社考古成果，對族人而言，考古不僅是與祖先對話的途徑，更是一條「復返之路」。

TAINAN400 FILE —— 05

原原不止400年
—原住民族群文化展

時間｜2024.6.29～12.31
地點｜蕭壠文化園區西拉雅館

從歷史紀錄至當代生活，有關西拉雅、大武壠及洪雅族的前世今生，一段超越四百年的原民故事，在此娓娓道來。

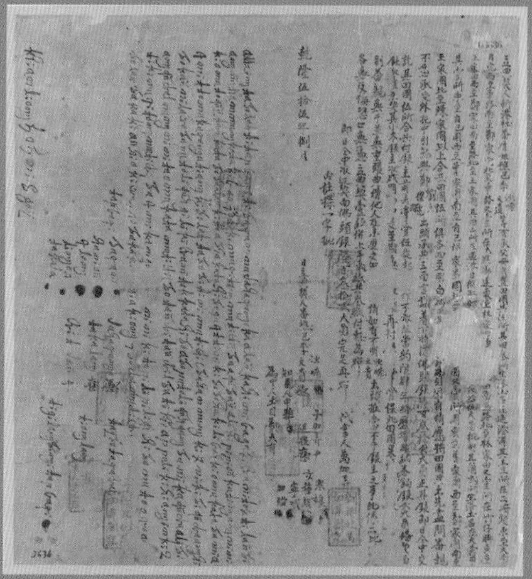

2

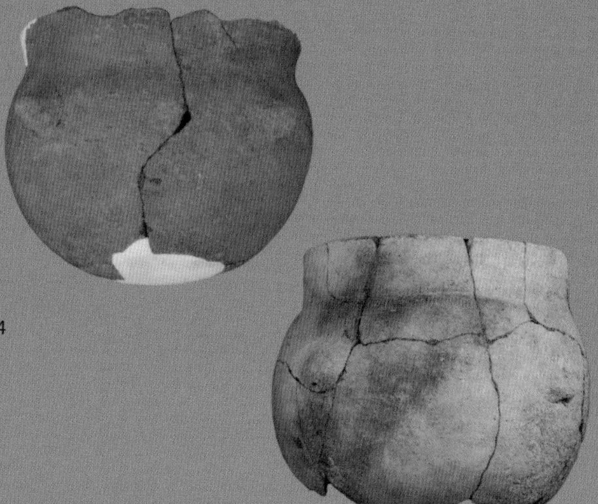

4

3

5

漢人移民

在新天地拼搏

1 嗣封世子札致荷蘭出海王

（圖片來源／荷蘭萊頓大學圖書館，公有領域）

約一六六四前後，荷蘭萊頓大學圖書館鄭成功入主臺灣後，荷軍曾逼近高雄外海，企圖與清國聯軍奪回大員。鄭經親筆手書此封信函予荷軍長官Balthasar Bort。信中，鄭經恩威並施，表達了與荷軍聯盟、維持和平之意，同時致贈兩種高級絲綢各十端（兩端為一匹）、臺灣在地紅柑十籠以及四箱日本菸草。

2 施公定國將軍墓

（圖片來源／臺南市立博物館）

一六八三，原件存於國立成功大學歷史文物館，拓本藏於臺南市政府文化局臺南市文化資產管理處

明鄭末年施定國將軍去世，其墓碑刻有欽點墓穴風水的師父，是來自江西的客家人曾昭仕。原來十七世紀起，百行百業的漢人來到大員，從農漁民至商人、工匠，客家人風水師居然也是其中一員。

1

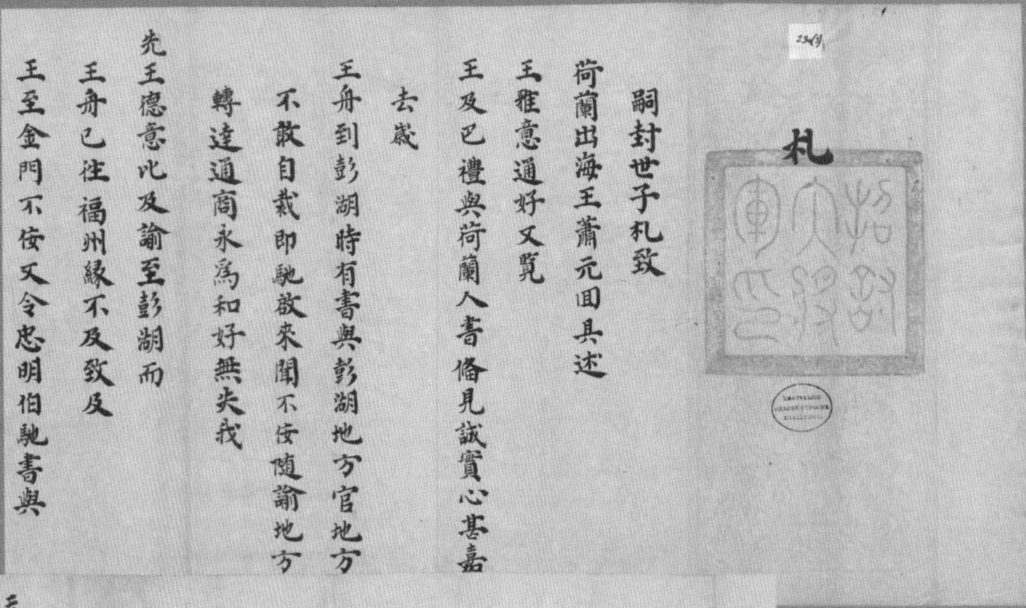

嗣封世子札致
荷蘭出海王蕭元回具述
王雅意通好又覧
王及巳禮與荷蘭人書備見誠實心甚嘉
去歲
王舟到彭湖時有書與彭湖地方官地方
不敢自裁即馳啟來聞不安隨諭地方
轉達通商永為和好無失我
先王德意比及諭至彭湖而
王舟巳往福州緣不及致及
王至金門不安又令忠明伯馳書與

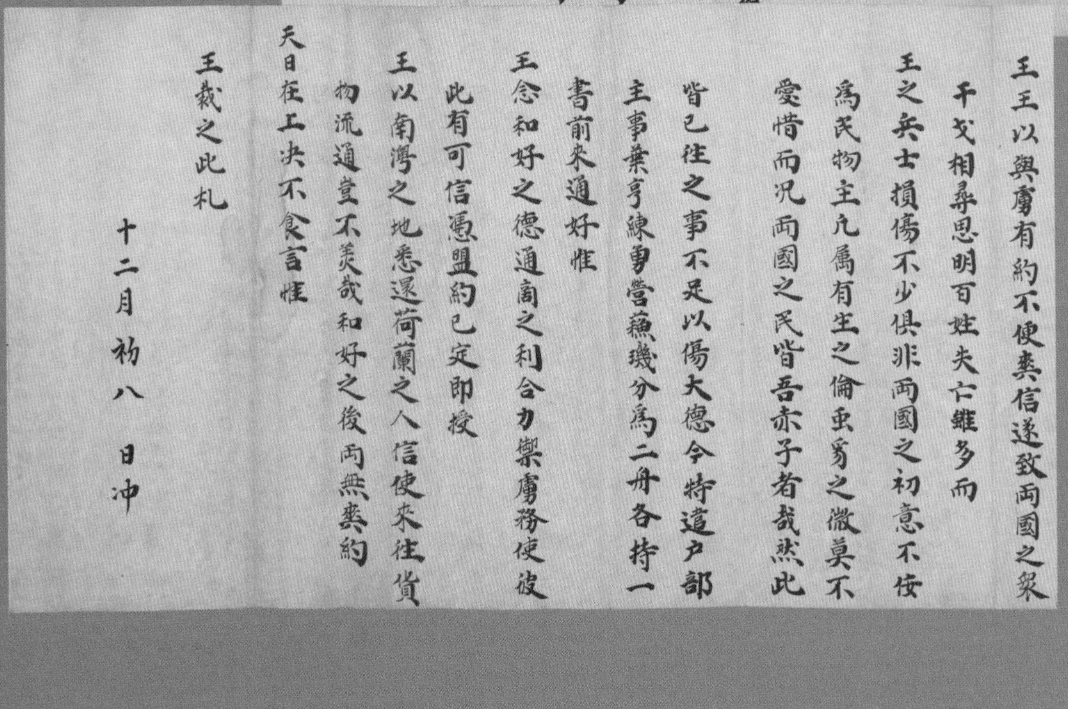

王王以與虜有約不使其信遂致兩國之衆
干戈相尋恩明百姓失亡雖多而
王之兵士損傷不少俱非兩國之初意不安
為民物主凡屬有生之倫蚩蚩之微莫不
愛惜而況兩國之民皆吾赤子者哉然此
皆巳往之事不足以傷大德今特遣户部
主事葉亨練事營蕪璣分為二舟各持一
書前來通好惟
王念和好之德通商之利合力禦虜務使彼
此有可信憑盟約巳定即授
王以南灣之地悉還荷蘭之人信使來往貨
物流通豈不美哉和好之後兩無異約
天日在上決不食言惟
王裁之此札
十二月初八日冲

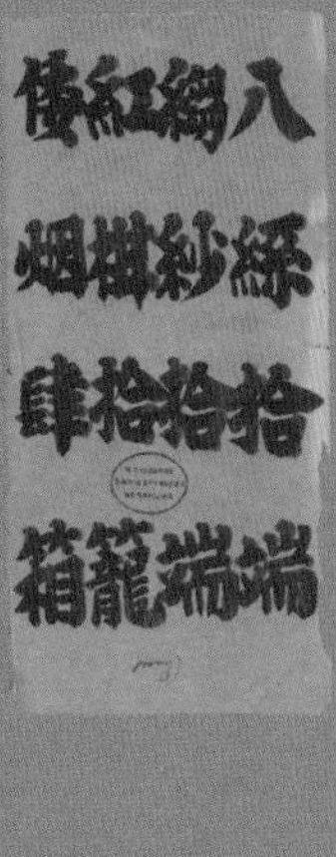

TAINAN400 FILE ——— 06

客星人的多重宇宙
—臺南400客家大展

時間｜2024.6.29～11.30
地點｜臺南市客家文化會館

蒐集了四十位臺南客家人的精彩故事，原以為與客家關係不深的臺南，原來行行業業都藏有客家人的身影。

3
臺南府城及安平一帶圖

（圖片來源／美國大都會藝術博物館，公有領域）

十九世紀・大都會藝術博物館

船隻往來臺江內海，大員熱鬧不已。

4
第二、三次荷蘭東印度公司使節出使大清帝國記

（圖片提供／國立臺灣歷史博物館）

一六七〇・國立臺灣歷史博物館

十七世紀漢人在臺生活的樣貌。

3

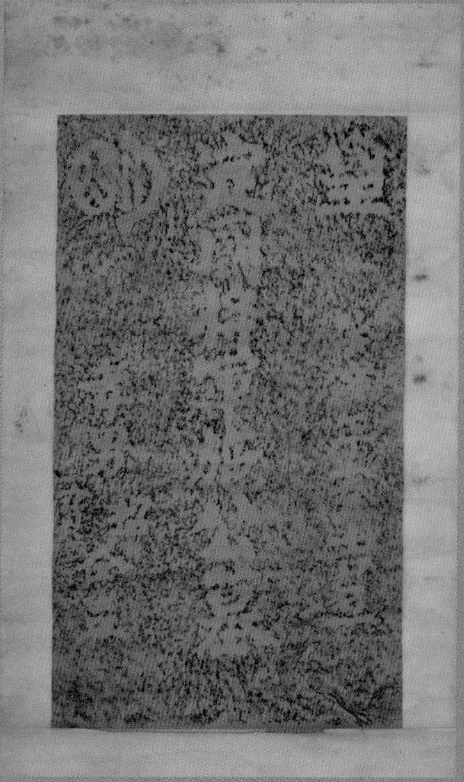

2

4

中國與日本商人

皆為利來利往

1

國寶扁額末吉船

（圖片提供／國立臺灣歷史博物館）

二十世紀初摹本·國立臺灣歷史博物館

十七世紀的日本商人，只有取得幕府特許的朱印狀才能合法出海。圖中的末吉家專做安南（越南）生意，當時日本朱印船在東亞海域穿梭，從高砂國（大員）、呂宋到暹羅都有他們的足跡。

2

東西印度驚奇旅行記（重刊本）

（圖片提供／國立臺灣歷史博物館）

一九八三·國立臺灣歷史博物館

十七世紀的中國商人樣貌。

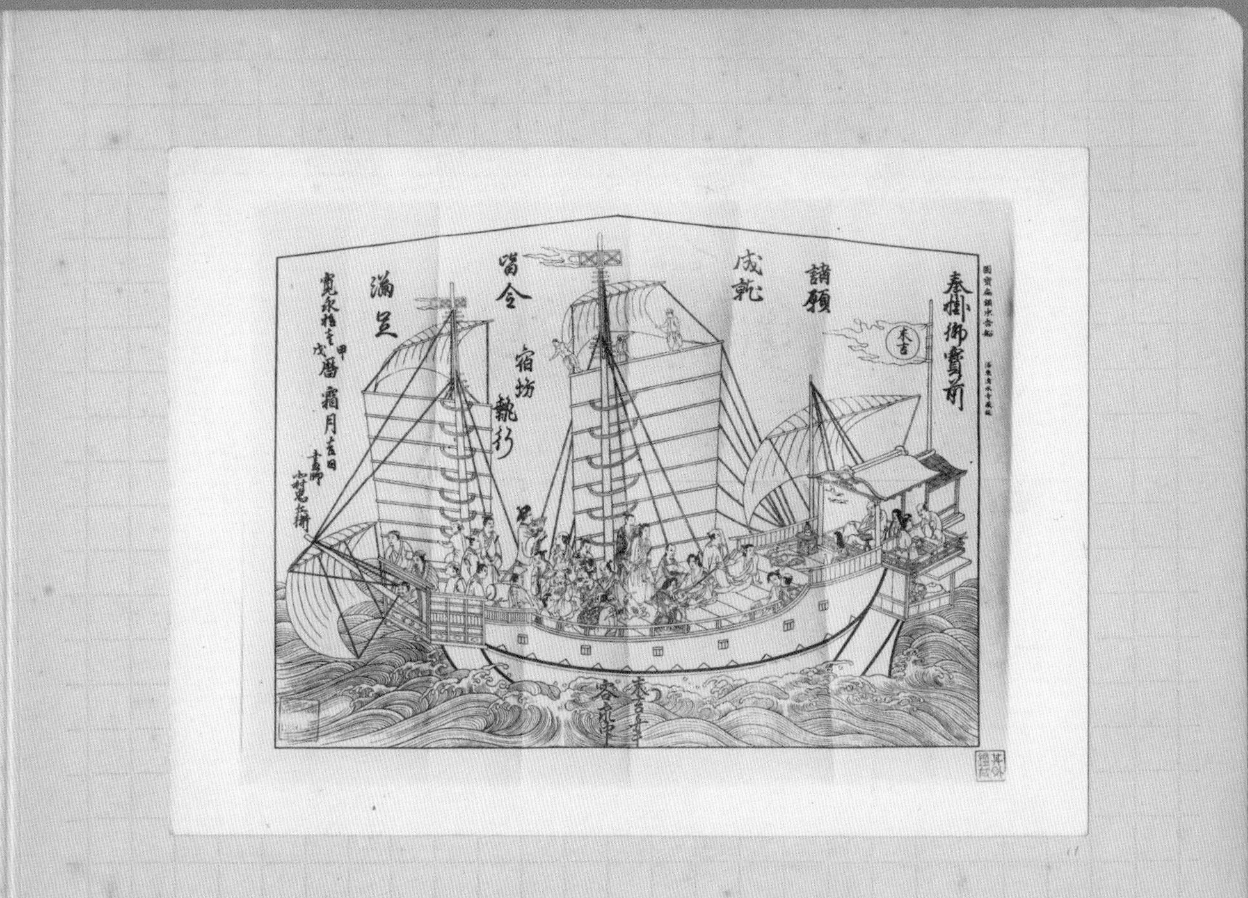

1

3

《臺灣歷史畫帖》（圖片提供／國立臺灣歷史博物館）

一九三九．國立臺灣歷史博物館

十七世紀朱印船來到大員，中、日商人在此貿易的想像圖。

參考資料

林偉盛，《典藏台灣史（三）大航海時代》（玉山社，2019）。

邵式柏，《臺灣邊疆的治理與政治經濟（1600-1800）》（上）（國立臺灣大學出版中心，2016）。

程紹剛，《荷蘭人在福爾摩莎》（聯經，2000）。

歐陽泰（Tonio Andrade），《福爾摩沙如何變成臺灣府？》（遠流，2007）。

鄭維中，《製作福爾摩沙：追尋西洋古書中的台灣身影》（如果，2006）。

鄭維中，《島嶼歷史超展開：十七世紀東亞海域的人們與臺灣》（春山，2023）。

2

3

石文誠×陳慕天：遭遇一六二四，為「臺南400」策展的不同可能

文字－陳姿樺

關於「臺南400」，還有哪些詮釋與思考的可能？本文邀請到國立臺灣歷史博物館「跨・1624：世界島臺灣」國際特展（以下簡稱「跨・1624」）策展人石文誠，以及2024年臺灣文博會臺南概念展區「Lesson :D」（簡稱「Lesson :D」）策展人陳慕天，分別從歷史與設計專業角度切入，談談他們如何為「臺南400」策展。

（圖片提供／國立臺灣歷史博物館）

Q 如何思考與呈現「臺南400」？

石文誠（以下簡稱石） 一六二四年荷蘭人來到臺南，是臺南城市發展與對外連結的重要年份。但臺史博作為以「臺灣歷史」為主軸的博物館，必須進一步放大到整個臺灣史的架構，例如從亞洲與海洋的視角來看，以及我更想去探討的是：一六二四年對臺灣造成什麼影響？島上的住民面對外來勢力進入，有哪些因應之道？

我認為，「臺南400」其實相當需要反思的視角。像那時有輿論提出不只「四百」，所以我們加入早在一六二四年前便已存在的西拉雅族人後裔聲音，談論他們眼中的這段歷史；也展出荷蘭國家博物館的作品，看荷蘭如何去反思並看見過去總被忽略的被殖民者視角。希望讓觀眾藉由回顧一六二四，重看一六二四年所帶出的臺灣歷史觀點，進一步對歷史有更多元的理解。

陳慕天（以下簡稱陳） 我們在「Lesson: D」的規劃，是把臺南設定為一間歷史教室。我覺得過去學歷史，比較偏向背誦式的學習，過於一本正經、

石文誠
國立臺灣歷史博物館副研究員。國立成功大學歷史學系博士。合著有《看得見的臺灣史：空間、時間、人間》等作品。

陳慕天
美感細胞教科書再造計畫共同發起人。近期致力於使用區塊鏈與文化藝術結合，自二〇二〇年開始嘗試用NFT形式發售作品。

臺史博「跨・1624」特展入口的《海之道》作品（圖片提供 / 國立臺灣歷史博物館）

彷彿只有唯一正解。我個人對於歷史是否有正確答案這件事有些懷疑。因此，與其討論臺南四百年前的歷史到底有多重要，不如換一個方式：如果歷史被改變了、沒發生的話，現在的我們會變成什麼樣子？透過這種方式讓大家去反思，歷史不一樣的可能性。

策展時，我們試著從不同視角切入，例如美術、建築，讓大家看到：原來這些歷史與作品形塑了臺南現在的樣貌與發展。很有趣的是，過程中會有一種歷史不斷被串聯起來的感覺，像這次讓郭柏川藝術家跟王秀蓮建築師的展區相鄰，並非刻意安排，是很後來才發現原來他們有著師生關係。

Q 可以怎麼在展覽中運用AI，提升觀展體驗？

石 「跨・1624」展覽一進來的作品是《海之道》。我們搜集臺灣周遭海流跟海潮數據，再利用AI生成影像，希望呈現海洋作為臺灣連結世界的通道，其實不是一六二四年才開始，島上的南島語系民族千百年來都透過海洋跟世界產生聯繫。從海洋的視角來看，更凸顯臺灣正是在航道與海陸的交界處，剛好也呼應當下臺灣的社會發展跟國際地位。

另外，要怎麼讓來到展場的所有觀眾，都能從中獲得樂趣也很重要。我們特別設計了一個AI照片合成裝置，讓觀眾在相機鏡頭下化身為十七世紀的東西方人物。結果這反而最受觀眾歡迎，常常要排隊等著拍照。(笑)

陳 「16年24班」展間的「如果臺南?」，是和臺灣文學館、成功大學歷史系的老師們合作，請他們提出一些在特定時間點可能發生的事件假設，後續再讓AI撰寫架空歷史故事。假設某段歷史改變了，後面的事件會怎麼發生？它會自動生成報導圖片，再從另外一間印出報紙，每次生成的結果都不一樣。這是非常有趣的體驗，你會在過程中意識到：原來十七世紀在臺南發生的這些事情這麼重要。

不過，我們沒有打算在這次展覽談太多歷史性的東西，反而提出很多問題。像「體育館」談的是民主運動，我們試圖提問：如果今天臺灣不是民主的國家，你的生活會是什麼樣子？未來其實跟著歷史脈動，我們想讓觀眾感受到「過去沒有過去，未來不是未來」的狀態。

Q 若從「反事實歷史」的角度想像……今天的「臺南400」可能會是什麼樣子？

陳 「如果臺南?」有趣的是，不一定要探討嚴肅議題，更多可能是飲食文化、建築或娛樂的改變，這類一般民眾可能更感興趣的題目。其中一個例子是，我們假設如果荷蘭人延長了在臺灣的統治時間，其中可能發生的事是「台灣啤酒」提早兩百年成立。台啤可能改叫

16 24

1

2

大員啤酒，隨著我們的冷藏技術發達，臺灣變成啤酒大國之類的。(笑)

石　假定有些事情沒有發生，或是產生新的變化，歷史會不會從此改變？如果從歷史脈絡的角度去思考，我們可以假設一六二四年荷蘭人沒有登陸安平——不過，如果對歷史有一定了解，即使不是一六二四年來，荷蘭人為了取得中國的貿易據點，可能終究會來到臺灣。

又例如清帝國在一六八三年攻下臺灣，當時一度想把臺灣歸還荷蘭。假設荷蘭人當時同意了，我們有沒有可能變成東南亞國家一員？或是美國看中臺灣的戰略位置，跑來佔有臺灣，我們的歷史會有如菲律賓一般發展嗎？有時候我們的想像可能很美好，但真的變成事實後或許未必。

Q　一般民眾可以如何想像，或者參與建構臺南歷史？

石　臺南一直是見證臺灣歷史的重要城市。在臺南生活的好處是，歷史就在你的日常生活周遭。隨意吃個小吃，可能就有五十年、百年以上的歷史；走個一百、兩百公尺，可能就有座大南門或是大東門。

臺南對這些歷史文化資源的重視、保存，以及投入程度相當高，甚至吸引外地人來參與。我覺得，怎麼讓歷史活化並且更生活化，持續出現在我們日常生活中，這是在臺南生活的一大課題。

陳　對我們來講，文博會是讓文化再繼續往下滾動的過程。就像我們提出的核心概念：過去沒有過去，因為歷史一直潛伏；未來不是未來，因為明日早已到來；現在成為現在，參與就會存在。只要你起身參與，我們就可以一起建構出「現在」。

例如王秀蓮建築師的展間是一幅地圖，標出很多她的建築作品，而你會發現超多臺南人在這裡找自己的家在哪裡。這其實是文博會很重要的任

TAINAN400 FILE ——— 07

2024臺灣文博會
臺南概念展區「Lesson : D」

時間｜2024.8.23～9.1
地點｜321巷藝術聚落、西竹圍之丘文創園區、藍晒圖文創園區

「Lesson :D」將整座城市打造成一座大型學校，321巷藝術聚落則化身為「校本部」，透過建築、美術、歷史等各種視角，連結起臺南的過去、現在與未來。

務，透過一個建築師的作品，讓大家重新凝聚對這座城市的感情，有很多事情因此發酵。

我覺得，只要激發大家思考，就成功一半了。「臺南４００」的目的不應該是變成國家式的歡慶，而是透過將「臺南４００」作為概念，讓你開始思考你的過去、現在、未來：你是誰？你來自哪裡？你的未來可能會是什麼樣子？

「臺南４００」並不是現在告訴你這四百年就這樣蓋棺論定了，而是現在我們提出想法，大家一起討論。十年、二十年後，或許就有一個新的答案。

1、2 文博會「Lesson: D」的王秀蓮建築師展區
3、4 文博會「Lesson: D」的「體育館」展間，反思臺南的民主故事。

3
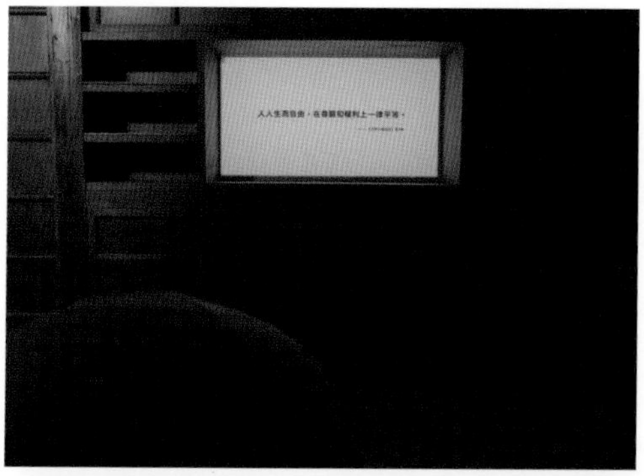

4

吳密察×陳冠妃：從三百到五百，城市紀念活動能留下什麼

文字—陳韋聿　攝影—蔡德誼

熱鬧了一整年的「臺南400」畫下句點之後，府城又將迎來舊城區的「府城建城300」周年。盛大年度活動之間的空檔，特別值得我們思考：一座城市為什麼需要以特定事件的「周年」為名，舉行紀念活動？站在文化工作的角度，這些召喚歷史的紀念儀式，有哪些問題值得留心？前故宮博物院院長吳密察、臺大歷史系助理教授陳冠妃，這兩位不同世代的學者皆出身臺南，也都曾深入研究臺南在地歷史，一同討論城市的歷史紀念、書寫或展演如何可能。

吳密察

臺南北門人，曾任國史館館長、國立故宮博物院院長與國立臺灣歷史博物館首任館長，熟稔臺灣史與日本近代史，擅長說臺灣人的故事。

陳冠妃

臺北長大的臺南人，香港中文大學歷史學博士，現任國立臺灣大學歷史學系助理教授，研究領域為臺灣社會經濟史、城市史與文化遺產研究。

Q兩位如何看待臺南４００？

吳密察（以下簡稱吳） 任何一種工作計畫，首先應釐清它的目標和策略是什麼，才可能產生執行效益。從我的角度來看，臺南４００的目標與策略或可更清晰。以我和冠妃都曾參與演講的「１６２４講堂」為例，這一系列講座雖然充實，但目標是什麼呢？假如目標是要吸引普遍群眾，那就可去檢視講座的不重複參與者有多少人次。或者，這三十場講座是要為學生們提供整年度的文化課程，那可去審視講題與內容的安排是否合宜。設定明確目標，便能夠導出相應的執行策略，效益也才會隨之產生。類似臺南４００這樣的活動，我認為都需要再想一想，有哪些關鍵績效指標（KPI，Key Performance Indicators）可以被具體檢核。

此外，一項文化工作也應考慮它的成果如何能被積累、傳承。比方說，民間參與計畫是臺南４００的焦點，有很多提案者都打算架設網站，呈現某項臺南文化的主題內容。但這些網站未來應要如何成為一種能被持續利用的文化資源、產生長期效益？如果只是讓這些成果零散產出，卻缺乏組織性的、可累積的應用規劃，我認為會是很可惜的事情。

有組織、有串連，也才能達成一加一大於二的效果。較可惜的是，臺南４００雖串連許多官方與民間機構共襄盛舉，但這些行動多半集中在市區。我曾以顧問身分提出建議，譬如農曆四月的「王爺生」是北門南鯤鯓地區的年度盛事，政府便可藉由臺南４００來連結這類民俗慶典，讓人潮能夠流向地方。

陳冠妃（以下簡稱陳） 追本溯源，我們或許可進一步探問：臺南４００是誕生於什麼樣的脈絡，有哪些推力促成公部門以「周年」為名義舉行這樣一場盛會？我的觀察是，逢「十」的周年紀念活動，在民間團體行之有年。當城市或國家越來越密集地舉辦這類活動，代表我們開始透過更大規模的共同體來處理公共歷史或共同記憶。但其實這些慶典、儀式，是人們主動去召喚歷史，來為當下的我們服務。

Q談到「臺南４００」，歷史研究者自然會想起一九三〇年的「臺灣文化三百年紀念會」。百年前的城市慶典，可以給我們什麼樣的借鑑或提醒？

吳 我當初給臺南４００的顧問意見其實也談到這件事。當時人們規劃展覽、辦講座，也整理臺南的古蹟、碑謁與種種史料，活動結束後還成立「臺灣史料館」（即今臺南市立博物館），總的來看，那是一次臺南與臺灣文史研究的創舉。

不過，它畢竟是殖民政府主辦的活動，當然有其時代侷限。所以，面對「三百年紀念會」遺留的成果，臺南４００、甚至未來的「臺南

Read More 臺灣文化三百年紀念會

「臺灣文化三百年紀念會」是一九三〇年日治時期的臺南工商業界為了慶祝熱蘭遮城建城三百年而發起的一系列慶祝活動，背後有日本政府的支持。此三百年的算法來自英國攝影師約翰・湯姆生（John Thomson）於十九世紀留下的熱蘭遮城遺構照，照片中的城牆刻有「’T CASTEL ZEELANDIA, GEBOUWT ANNO 1630」（熱蘭遮城，建於一六三〇年）字眼，時人據此認為熱蘭遮城於一六三〇年建造。

三百年紀念會以展出臺灣史料與產業、教育等介紹的展覽會為主，輔以各式演講、戲劇、音樂會甚至花車遊行，一系列活動與展示建立了人們對臺南作為歷史古都的印象與認同。

資料來源：陳冠妃，2021，〈臺南人的文化古都自豪感從何而來？從百年前的「臺灣文化三百年紀念會」說起〉，故事StoryStudio。

500」秉持批判性繼承的精神，首先要扭轉殖民主義觀點，其次重新反省外來者對原住民的壓迫。這樣，我們才能從主體性的立場出發，重新整理、審視四百年來臺灣歷史文化的發展。

相對於「三百年紀念會」的成果積累，我認為臺南400也應該針對臺南文史的整理做些基礎工作。譬如文化局的「臺南研究資料庫」，它至少應該做到介面好用、收錄齊全，但目前來看仍有改善空間。

其實，我們該做的事情是很具體的。臺南的文資整理、臺灣的文史研究，自一九三〇年代起已向前邁進了一大段路。百年過去，這些整理與研究應都已有長足進步。我們是不是應該去做些比對，讓大家知道：相對於百年前，如今我們走到了哪裡？

另外，一九三〇年代啟動的調查研究也帶動形成臺南文史工作者社群，那是一個很重要的起點。那麼我的期待是：臺南400既然動用了許多資源，這個活動能否成為另一個文化運動的推進力量？或者至少能夠為後繼者留下一些研究工具？

陳 無論三百或四百，這些紀念儀式背後其實都隱含著某種危機意識。百年前後的臺南，一定程度上都在面對都市化與產業發展浪潮帶來的衝擊，城市的歷史紋理在衝擊中迅速消逝。城市面臨的危機多半很相像，譬如戰爭、經濟問題與大規模土地開發，諸如此類。我感覺大家之所以要在這種情境裡召喚歷史，是想要於高速變化的世界中抓住一點東西，讓我們知道自己為什麼還在這裡，不會被這些變化的浪潮給沖走。

如「三百年紀念會」的舉行是因為當時臺南面臨經濟不景氣等現實壓力，地方官紳於是想了這個辦法，一方面想找回城市的光榮感，一方面也藉此推動城市的觀光行銷。其實城市要振興經濟、推廣觀光，可以有各種做法，歷史只是其中一個選項。相對來說，臺南400也選擇把歷史作為核心，那它實際要處理的危機感是什麼呢？儘管四百年前的歷史最初可能只是史學圈的討論，但為什麼發展為地方政府主動投入資源的大型盛事？而民間積極地配合參與紀念，是否與近年老城區的都市更新壓力、人們回頭關注「傳統」的再生，甚至是文化資產保存觀念的普及等課題有關？因此才對於標榜城市歷史的公部門活動有所回應。後者只是我個人的片面觀察與猜想，並沒有明確的答案。

Q 城市的歷史同時是公眾的歷史，兩位如何看待大眾共同書寫歷史的可能性？

吳 「1624講堂」替我設定的題目就叫「府城共筆」，我反覆思索，臺南的歷史書寫，要如何不牽涉個別詮釋、找到「共」的可能？我最後得出的答案是運用GIS（地理資訊系統，Geographic Information System），說起來很單調，但其實很科學。當然還有一些別的做法，例如共編文史辭典，每個人都能來為詞條貢獻內容，相互矛盾的部分可另外再商量，但編寫辭典本身就是一種「共」的路徑。

我的想法很簡單：要有共同基礎，可持續累積，並且能把共同協作的機制給想清楚、說明白，那麼大家想要一起來寫任何東西，其實都沒問題。

陳　「共筆」通常指的是大學生協力製作一份課堂筆記，而不是一堂課五十個人各自抄寫五十份筆記。如果依循同樣概念，歷史的「共筆」就不能只是每個人自行建構一套論述，最重要的是那套共同協作的系統與方法是什麼。

如GIS是以空間為單位的方法，而臺南過去有所謂的「歷史名人誌」，每年都在擴充內容，這是以人為單位的方法。最近比較熱門的取向可能是文物，譬如古廟裡的香爐、街埕上的碑刻，這類以「物」為焦點的經驗與記憶收集，也有人在嘗試。

但無論要選什麼當成焦點，一個所謂「共筆」的系統，要如何面對各種意見與價值觀的衝突，並作出取捨？這可能才是最重要的問題。

比方說，廟宇的肇建年代。廟方可能會說：這座廟的歷史可上溯到鄭成功來臺。但作為研究者，如果缺乏相應證據，立場就很為難。在民間傳說與文獻證據之間，「歷史」要如何被處理？即便一個研究者真的能證明這座廟與鄭成功的時代無關，又要踩著什麼立場，當面推翻地方民眾的記憶與信仰？

換句話說，「歷史」的產生過程，往往存在著競爭關係，甚至是需要被協商的。

Q「臺南市立博物館」（以下簡稱南市博）重新開館也是近期臺南的新聞焦點，兩位對於臺南的城市博物館有什麼期待或思考？

吳　去到牛津、柏林或新加坡，它們的博物館各自都有自己鎖定的觀眾、想展演的內容。那麼臺南的博物館想給誰看、要給大家看什麼？

博物館跟出版不同，它需要有空間與文物。南市博的空間已經確定了，它是從過去的「鄭成功文物館」轉型過來；物件方面，一九三〇年代以來的文史工作者，也替臺南保存了非常好的歷史文物。那這座博物館的觀眾會是哪些人，我們如何透過展示讓大家知道這些文物的故事與價值？

陳　城市史的展覽有各種不同做法，例如前陣子臺南市政府都市發展局在臺南市美術館一館做的「透．南城」，它的主軸就是城市空間的變化脈絡。南市博目前的常設展則以時間為軸線，切分成十個單元。做展覽就是要說故事，只是我們所說的故事，能否反映這座城市的特色。

一座城市有太多方法能闡述自己的歷史，但無論如何，我們可能得先問問自己：五十年後，如果有人想起今天的南市博或臺南400、乃至於即將發生於二〇二五年的「府城建城300」，我們希望在這個人的回憶裡面留下什麼。

「1624講堂」匯集歷史、考古、建築、民俗與文學界專家學者，透過九個子題、共三十場講座，一起來上一堂屬於臺灣的歷史課。

城市指南 & MAPS

（攝影／蘇雅欣）

LANDSCAPE

第二章

許遠達：「整座城都是博物館，匯聚不同聲音為地方策展。」

工作、生活於臺南的許遠達，自國立臺南藝術大學（以下簡稱南藝大）修讀碩士時期到現擔任專業策展人與助理教授，與城市交集出多重角色，前後算來已超過二十年。有時他從旁觀察，有時他參與其中，是把這城市視為家的資深移住者，是展覽的串連者，也是藝術大學的教學者。不禁令人好奇，透過他的視角，以策展「臺南400城市美學」展覽為例，臺南的文史及風土呈現怎樣的文化魅力？社區居民與師生，又是如何通過藝術力重新感受地方？

文字｜黃怜穎　攝影｜郭宛諭

TAINAN400 FILE —————— 08

臺南400城市美學——盤點在地生活、文化，建構「臺南城市美學」六構面

時間｜2024.7.13～9.30
地點｜國立臺南生活美學館

共二十三所國中小、二十九組作品參展，藉由校內藝術美感課程，以六大構面作為探索地方文化生活的主題，涵蓋「城市街景」、「巷弄美學」、「寺廟古蹟」、「地方風土」、「米糖文化」及「臺南榮（龍）光」，再現城市歷史肌理。

許遠達

「臺南400城市美學」策展人，國立臺南藝術大學藝術史學系助理教授，曾於各公私立館舍藝術空間策畫許多藝術聯展，也常在藝術媒體發表藝評。

從「藝術進鄉」啟動，深耕地方美學

近幾年，許遠達帶著南藝大藝術史學系學生推廣「藝術進鄉」，源自於教育部高等教育深耕計畫，「我們既然是藝術大學，希望透過學校傳導藝術力進入偏鄉中小學，做美感教育的深化。」和鄰近的官田國中、嘉南國小合作，許遠達請南藝大學生們先做田調，對社區的文化及產業有所理解，而非上對下粗糙地帶著既有藝術觀進入校園。每趟藝術進鄉，都在為學校兩方師生建立起跨領域的學習場域。

許遠達拿出一本本這些年藝術進鄉的展覽圖冊，有意思的展名皆是該學期引導南藝大同學相互激盪的創意成果，例如《作伙佇遮》，展出官田國中師生各自心中最有價值的一件物品，從迷

1

2

自己定義價值，為自己的家說故事，
就是最棒的寶藏。

[1]「臺南400城市美學」展區大景（攝影 / 葉郁萱）
[2]〈家鄉記憶動起來〉（攝影 / 葉郁萱）

你扳手到阿嬤的舊衣，自己定義價值，為自己的家說故事，就是最棒的寶藏。而從官田地區常見的「趕鳥旗」為發想，向農夫請益，並觀察在地生態，師生一起創造了獨特的趕鳥裝置和農田景致，因此有了《嚴禁鳥事》。

甚至與官田國中協調利用閒置教室作為正式展覽空間，「我們叫它『官田國中福利社藝術空間』，就在福利社樓上，做展覽、看展也能是一種福利嘛。」這些歷程仰賴官田國中敬世龍校長及美術老師林武成的大力相挺，讓課堂裡外的地方美學有了深入的觀看與呈現方式。

多元材質與在地故事的美感探索

因與官田國中林武成合作藝術美感課程的機緣，於二〇二四年展出的「臺南４００城市美學」，正是由林武成規劃出六大構面：城市街景、巷弄美學、寺廟古蹟、地方風土、米糖文化及臺南榮（龍）光，集結官田國中與另二十二所國中小，許遠達受邀策展。說起武成老師同是南藝大校友，對藝術教育有極度熱忱，「展覽構面概念是他想出來的，他希望在教育上能用課程開發學生的觀看視角，並運用不同材料來做作品，所以這個展其實有滿多材質呈現。」

而許遠達的任務，即是把長達兩年來，各校師生透過藝術課程所創作的成果，透過較有脈絡的策展方法，將內容再度架構化成為展覽，讓更多民眾能觀看、體驗，來自東西南北的學校，帶著各自對生活所在的觀察和轉化，講述著臺南的面貌。

這裡頭，有你我熟悉的事物，例如廟宇信仰與小吃、夜市等美食風景，也有鮮為人知的在地故事。臺南４００城市美學展以信仰作為入口，蓋了間「珍奇廟」陳設佳里子龍國小樸拙逗趣的門神畫與立體剪黏，也有藝師參與其中，地方與師生共學。而〈官田有怪物〉，則是許遠達帶著學生透過藝術進鄉和官田國中共創的系列，他們從縣誌相關文本發現流傳於三百多年前的田螺精、泥鰍精，可是生於埤塘沼澤的臺灣原生鬼怪故事！學生發揮想像力親手繪製並捏塑妖怪模樣，運用放大投影再手繪、手寫於展板上，富有手感且精緻的展示方法，同是激發美學養成的環節。

美感教育在「臺南４００」的跨界延伸

一座城市的文化魅力，需要透過認識、感受、理解再轉化來傳遞，許遠達說起新市國中老師帶著學生寫詩畫圖，對生活的小角落、紅綠燈抒發所想，「我就覺得很美，最後我們讓紙上的圖文再現於木構窗戶，光打進來，跑到地上的文字，很有詩的美感。」許遠達補充，因展檯多為西洋式樣，恰

與官田國中學生共同創作的《官田有怪物！！！官田的埤塘和傳說》

好請家裡做辦桌的林武成找來淘汰的圓木桌，「作品擺上臺式圓桌，那種地方性、在地文化的美感才會出來。」關照細節的美學教育，從來不是一己之力，從學校到社區，從課程到布展，形成共學、共筆的概念。

如以臺南４００城市美學展為例，許遠達認為：「民間團體和藝術家能作為進入國中小教育體系的資源，或是像這次某些地方有藝師把技術和想法帶進校園，這都是共創與共享技術的歷程。」藉由策展力的介入，「可愛的畫作，如何用一種成熟的美學方式展呈出來，小朋友其實能感受到其中差別，原來策展能改變被看見的形貌。」本來發生於個別學校的美感課程，會在展覽時被其他學校和民眾觀看，「也讓很多老師重新思考，美術課的內容跟材料可以是什麼。」學習重新觀看與思考、做一個展，公部門協同民間地方，皆樂見藝術力的漣漪擴及城市的現在與未來。

臺南文化魅力的多層次是策展一大挑戰

「我覺得臺南的文化魅力其實來自於她深厚的歷史。但歷史感需要想像的空間，人們較難知道它的存在。」許遠達提到，以「臺南４００」作為契機，更加凸顯城市豐厚的歷史形象，最容易感受到文化魅力的是臺南的「建築」與「食物」，這兩者成為吸引人們慢慢理解歷史的「釣餌」。一如這次展覽裡，幾所學校皆以夜市、小吃呈現「城市街景」，由此還可以再繼續深入地方的族群、產業等。

就許遠達的視覺策展專業，他舉例說明，臺史博的「跨・１６２４：世界島臺灣」特展以開始航向世界舞臺的歷史觀來敘事十分清楚，也許能有一個關於美術史的盤整田調，建立出架構，有順序地讓市民理解有文字之前、有當代藝術之前到現在，由美術史觀展開的臺南４００可以是何種風景，即透過「分層」的個別展覽去建構與交流，而非多點發散的進行。如此一來，在政府的統合下，更能引起人們關注臺南４００所要聚焦陳述的時代意義。

「臺南人滿注重歷史感的，對古蹟、物件的保存也非常有意識，我覺得這是臺南跟其他縣市比較不一樣的地方。」但另一方面，就許遠達的觀察，本次臺南４００惜較缺乏結構式的分層呈現，各種活動與展演結構少了整體性的總規劃串聯，如此一來，對市民而言，要建構出富有歷史感的想像空間便略有難度。

期許突破空間，再現藝術與歷史的城市博物館

二〇二三年，許遠達曾受邀參與書寫「文化臺南４００年——行動白皮書計畫」，他從視覺藝術領域出發，對如何透過策展來展現臺南文化魅力提出可嘗試的方向，除上述分層策展想法，「我們若把所有美術史相關歷史照片蒐集起來，把地點研究出來，可以運用VR虛擬實境，去看畫家曾畫過的角度、重現他畫的景象，過程中大家就能看到藝術家怎麼畫眼前風景。」想像VR裡的藝術地景、小巷裡的古今建築，都能是一處處「城市博物館」。

運用科技跨越時空，可以實體、也能虛擬，為人們創造歷史感的想像空間，「關於歷史，你一定要去談，才會有新角度。有市政府的角度、地方的、我的、其他市民的角度，都要有機會拋出來談，我們再慢慢修。如果不談，就什麼都沒有了。」如許遠達所述，嘗試在此時此刻，有人願意談，對過往有更多挖掘、對未來擁有更多想像，城市才有新的激盪。

Q&A

策展人的快問快答

Q 本次臺南400系列展演活動中，最喜歡或最想推薦給大家的是？

A 一是國立臺灣歷史博物館的「跨．1624：世界島臺灣」，另一是國立臺南生活美學館展出的「歐亞首戰．在大員——楊炳輝巨幅油畫暨史料特展」，畫家觀察兵器、火砲和人骨傷勢，他的考究有著歷史的既視感，彷彿就在現場。

Q 身為久居臺南的移住者，說到「臺南」，首先會想到的是？

A 當然是吃的，印象深刻就是甜，來臺南唸書時第一次買鹽酥雞，發現肉醃過的味道竟然是甜的！所以我說它是「甜」酥雞。我們宜蘭人也吃羹，但不像臺南羹是甜的，到現在都還沒習慣。

Q 最想推薦給外地人的「臺南」是什麼樣的臺南？

A 巷弄就是臺灣建築的城市博物館，像在安平，從一六二四年到現在，什麼樣的建築都有：廟宇、民宅住家，有些鐵皮掀開牆打下去，可能就是荷據、明鄭東寧王國甚至是更早到現在的建築！正所謂挖下去都是遺跡，看過去都是歷史。

Q 說到臺南400，會想推薦給大家哪些書、音樂、戲劇、電影等延伸閱讀？

A 推薦來自中央研究院的「臺灣日記知識庫」網站，有翻譯好的《熱蘭遮城日記》，可以搜尋普羅民遮城花多少錢蓋的、工錢多少、推算當時買一隻豬要新臺幣多少……，這些日常資訊讓人很有歷史的臨場感。

Q 有沒有令人印象深刻的臺南歷史或民俗小故事？

A 我從「臺灣日記知識庫」讀到關於「赤崁」條目，曾提及一六二九年十月荷屬福爾摩沙第四任臺灣長官普特斯曼曾派人去Saccam一帶圈用土地，以荷蘭語記錄為“ Saccam”，可見關於Saccam應非城堡興建後才有的稱謂，因此漢文常見的「夕照紅磚為赤色」這個說法應是後來才有的傳聞。

（圖片提供／台南人劇團）

PERFORMANCE
表演

如果只能有一齣戲的時間

文字｜謝欣珈　攝影｜許家豪

「臺南」是什麼？該長什麼樣子？四百年是長還是短？該如何放進一齣戲的時間裡？且看劇團如何施展魔法……。

李維睦

安平人，台南人劇團創團團員，擔任許多團隊之舞臺設計、舞臺製作及技術諮詢。經營有「李維造物」。

陳錦誠

曾任國立臺北藝術大學藝術行政與管理研究所專任助理教授、2017 臺北世大運開閉幕總顧問、2009 高雄世運開幕執行總策會，現任表演藝術聯盟理事長。

（本跨頁上方三張圖為台南人劇團提供）

歷史還是羅曼史

「電波可以跟不同時空的人來往，就像我們對外星人發送電波。」以「臺南４００」為題的戲劇《內海城電波》，由台南人劇團團長李維睦擔任製作人、影響・新劇場團長呂毅新擔任編導。李維睦回憶接到任務的第一個念頭是：「我不要做鄭成功，我也不要講荷蘭人，我想講愛情故事。」

歷史對於大眾來說，還是教科書感重了些，換成羅曼史，不僅大家愛看，也容易對號入座。他說臺南前輩許石、洪一峰創作很多情歌，原先想以此為架構，但情歌都出現在戰後，只佔四百年的不到四分之一，他轉而尋找各個時空的臺南故事，想打造橫跨四百年的生活感。

沒想到這個決定成為製作這齣戲最卡關的地方。收集了許多臺南故事，有意思的都是愛情故事，而且都是女性的愛情故事，「因為男生比較無聊啊，都在講男生多偉大；女生比較柔軟，故事比較感人，會比較好談。」但女性的故事之所以感人，大多因為她們的悲慘命運，要把各個時空發生的故事放進一齣戲，借用偶像劇、輕小說常見的穿越概念，角色就只能一直死，一世結束再進入下一世。「我們寫了一小段就發現，哇！每次都死得好慘！紀念臺南四百年的戲，好像不能這麼悲情。」

大家想破了頭，連李維睦自己都想求饒「不要演了好不好」，試過各種呈現方式都不對，最後他們大膽地拿掉故事的時間。「訂了一個『架空時間不架空場域』的平行世界，這個戲就開了！什麼事都可以做了！」洪一峰可以遇到鄭成功，YouTuber能遇見林投姐，「因為臺南一直都在」。所有的故事能一起發生，就算角色沒死，也可以繼續演下去。

虛構的城，現實的景

但說「不架空場域」，為什麼還要把指稱明顯的「府城」改名為「內海城」呢？「其實更久遠以前東興洋行、德記洋行、安平樹屋那裡是一片內海，『內海』等於安平加上府城。」框住時間從內海城開始，讓觀眾自己在上面浮貼一座臺南，中間的空隙就是戲劇與歷史的曖昧空間。「如果按照歷史來談，有時候太硬了，乾脆創造一個『內海城』。我們就可以把劇情改編得更有趣、更好看，更有現代感。」

如劇中運用的〈運河殉情記〉，原為日治時期的紅牌藝伎陳金快與恩客吳皆義私奔，最後跳運河殉情；在內海城中私奔原因悄悄轉化為不被祝福的同性相戀，而殉情也從悲劇變成懸疑劇。還有大家都聽過名字的「林投姐」，在內海城中變成一位自立自強的女性，想辦法用林投樹創業，做成各種商品來翻轉命運。當時收容漢生病患的「臺南特別皮膚科診所」，則對應COVID–19，展現另一種看待歷史的角度。

虛構的內海城卻有真實存在的寶美樓、十字街及蝸牛巷，李維睦說：「這是我給導演跟編劇的任務，我希望廣一點談臺南，觀眾可以在臺南走一圈，把臺南的輪廓畫出來。」走出戲院再訪劇中出現的地方，它就不只是一個地名，會在觀眾的腦海中長出生命。

「『電波』取自日本小說的一種流派『電波系』（でんぱけい），是幻想的類型；電波也是一種訊號，念起來像英文的Tempo。這齣戲有府城的節奏，又帶入對府城的幻想，讓觀眾藉此接觸不同時期的臺南樣貌。」

臺南風土記

《內海城電波》帶觀眾與兩位主角卡鮑與夏隆如旅行團般遊歷臺南，臺南４００年度大戲《風調雨順》則試圖讓觀眾體驗臺南文化，以後見之明來看，兩齣戲彷彿互為表裡。

「表演藝術聯盟」理事長、《風調雨順》總顧問陳錦誠，回憶二〇二一年與其他藝術團體開始籌備臺南４００活動時，就希望展演揉和當地本來就有的文化藝術活動，讓更多人共襄盛舉。「那時候的提問是『臺

南400屬於誰的四百？』一起討論後定出主軸：『建構在原本臺南節慶基礎的大型製作』，一場結合跨領域藝術的文化儀典，讓臺南人說臺南事，向臺南人致意。」由在地團隊限地創作，應用臺南風土，百分百臺南製造，使用的元素、符號、氛圍皆得讓觀眾「共感」，一看就知道：這是「咱的臺南」。

公演安排在舊縣區盛事「南瀛國際民俗藝術節」作為開幕，並找上具道士身份，亦是掌中木偶劇團團長的蘇俊穎負責編寫腳本，「他說他要用『做醮』的方式來處理，做一齣『風調雨順』。」文化建醮常民祈福的架構確立之後，團隊開始發展腳本，一邊分頭田調取材。既然演出地點在新營，就從溪北的在地團體開始邀請，製作人黃申全說要從最老的文化展演到當代藝術，「排練的過程我們都提心吊膽。」於是他們將對臺南的想望化為一名少女，帶領觀眾經歷這四百年間她所經歷的事。

家將踩著街舞陣形

參與團隊有民俗藝術類的金獅陣、豎燈篙團、家將團、牽亡歌團、戲曲藝術；現代藝術類的舞蹈團、街舞團、饒舌歌手、創作歌手與DJ。大家都沒有在大舞臺表演的經驗，前期排練各自都對演出有不同的期待，「但畢竟是一齣戲，不是拼盤式的演出，我們在最終衝刺前聚集所有團隊召開表達會議，讓大家知道大戲的核心概念。每個團隊也許只有五至十分鐘的演出，但都在接棒承擔，運用各自擅長的、獨特的藝術為基底，共同完成一齣跨界、跨類別的大戲。」

各團隊不是單獨演出，彼此的搭配也需要協調。製作統籌羅佩瑜對家將團與街舞團合作的經驗印象深刻：「其實家將本身有自己的步伐與節奏，不能配合音樂，我們的音樂總監起初跟著家將的節奏設計音樂。但街舞必須有確定的音樂才能編舞，兩邊很是矛盾。後來家將團願意試試跟著音樂走，舞團也用帶有家將元素的音樂編舞，彼此的身體節奏互相補強。看到他們同在一個畫面，很和諧，讓人感動。」

演出後的好評讓黃申全感覺與團隊打了漂亮一仗，「比想像中更好，有點像《灌籃高手》湘北和山王的比賽！沒沒無名的一組團隊，在演出中得到大家注目。」臉書上觀眾的感想也是：「原來臺南的傳藝文化這麼生猛，缺一個這樣的舞臺讓人看見。」

兩齣戲，分別裝箱臺南四百年的文化與故事，讓觀眾流轉其中，再期待下一個四百年。

TAINAN400 FILE —— 09

《內海城電波》

策畫、演出團隊｜台南人劇團、影響・新劇場
演出時間｜2024.6.1～6.2

卡鮑與夏隆這對不被族人祝福的戀人，欲私奔卻被捲入時空之渦，降落內海城。從深埋在內海城底下的小溪中，逆水行舟尋找彼此，找回心的方向。

TAINAN400 FILE —— 10

《風調雨順》

主創團隊｜表演藝術聯盟
演出時間｜2024.10.5

臺南因人類膨脹的欲望而變得虛弱，它化身為少女阿蘭，找上蘇大俠，集結村民舉行建醮法會，為臺南祈福。

Read More 戲劇中的故事場景

1 運河殉情記

日治時期新町（今康樂街、大智街、大勇街一帶）遊廓的紅牌藝伎陳金快，歡場巧遇童年恩人吳開利，私定終身不被允許，兩人最後投臺南運河殉情。

2 林投姐

清末有寡婦靠亡夫遺產撫養幼子，遭亡夫友人覬覦，騙婚騙財得逞後音訊全無，使其陷入絕境，最終自縊林投樹上。據傳林投姐殉情地點即在今高等法院後方空地。

3 臺南特別皮膚科診所

《內海城電波》提及之「漢生病院」，一九五六年由美籍傳教士林部璐德創立，收容來自全臺的漢生病患。一九七二年停業。

4 西拉雅族傳說

在海上漂流的西拉雅族祖先，從臺南上岸之後居無定所，後來大家發現一隻白色神鹿，跟著祂才找到定居的地方。位於今東山區的吉貝耍部落至今仍保有不少西拉雅族傳統文化。

1945
防空監視塔

LANDSCAPE
地景

窗所透露的臺南時光印記

文字｜王子碩　攝影｜蘇雅欣

臺南經歷長期時光淬練，「臺南400」其實是一個又一個時代堆疊出來的景色。隨意一扇窗戶，彷彿通往不同的時代；窗框切割出的城市風景，透露不同時代痕跡。一磚一瓦，石燈籠或者舊城牆，蘊藏數不盡的臺南舊事。精選五個具代表性的臺南經典窗景，共同觀察窗景透露的文化年輪。

① 安平古堡的年輪

地點｜熱蘭遮博物館出口前窗景

二〇二三年重新開幕的熱蘭遮博物館，前身是一八八二年落成的安平稅務司公館，位於十七世紀荷蘭聯合東印度公司興建之熱蘭遮堡殘跡旁。從這個窗景看出去，左側就是熱蘭遮堡殘存的老牆。

視線往前延伸，安平古堡紅磚平臺是日本時代在已成廢墟的熱蘭遮堡地基上興建，作為稅關官舍與燈塔平臺之用。平臺第二層的「安平古堡」石碑，原為日本時代一九四一年為了紀念大航海時代日本海商濱田彌兵衛而設置，戰後遭磨去文字改為「安平古堡」。上層最醒目的高塔，最初為二戰期間設立的防空監視塔，一九七五年因應觀光需求才加蓋瞭望臺，如今成為最代表性的象徵地標。

這個窗景，從荷蘭時代橫跨清代、日本時代與戰後，相當經典地訴說了「臺南４００」的歷史交錯。

②

延平郡王祠的時光疏影

地點｜延平郡王祠

進入臺南市立博物館，入口旁的窗戶往延平郡王祠方向看去，是另一幅極經典的窗景。

延平郡王祠最早可追溯至一八七五年，沈葆楨等人上疏追諡鄭成功而設立之開山王廟。日本統治後，因鄭成功出生於日本平戶，於一八九七年特意將開山王廟改為開山神社，為殖民者於臺灣成立的第一所神社，之後又經過數次改築。戰後，於一九六四年改為中國北方式風格，成為延平郡王祠現貌。這個窗景畫面呈現了三代的建築共存。

不過畫面中有個比「開山王廟」更古老的文物——祠門口的兩尊石獅。石獅原本在清代臺灣軍事中樞的「臺灣鎮署」（今臺南轉運站一帶），戰後初期曾在赤崁樓陳列展示，後來可能隨歷史館遷移至延平郡王祠。

另外，值得一提的是窗景中央巨大牌樓，其實是二二八事件爆發後，時任國防部長白崇禧來臺宣慰期間，特別題獻「忠肝義膽」，並捐資設立的。市府於是將原臺南神社（今臺南美術館二館）拜殿前之大鳥居加工、搬遷至此，可謂臺南市見證二二八事件的重要文物。

③

圓環的歲月兜轉

地點｜湯德章紀念公園圓環

日本時代的「合同廳舍」，目前部份空間作為臺南市消防史料館開放，三樓的景色是我心目中臺南最美窗景之一！

窗外的圓環，清代稱作三界壇街，府城名士紳林朝英宅邸即座落此街區。日本統治後，開闢為防火空地，一九〇七年設立兒玉源太郎總督壽像。一九一六年稱為「大正公園」，耆老多稱該地為「石像」，戰後改名為「民生綠園」。為了紀念二二八事件中在此地遭中國軍隊公開處決之湯德章律師，遂於一九九八年改名「湯德章紀念公園」。

圓環延伸出去多條重要道路，曾聽老人家說，昔日大正公園不但是日常移動的必經場域，相連道路種植路樹種類不同，幾乎是換一條路走就能換一種心情！例如連接火車站的大正町通（今中山路）種植鳳凰木，夏天形成一片火紅的林蔭隧道；種植羅望子樹的花園町通（今公園路），在老圖書館旁有著難忘回憶；種植椰子樹的末廣町銀座通（今湯德章大道），一路通往繁華的林百貨商店街區；銀座通往運河碼頭沿路，以及連通孔廟的幸町道路，則種滿一度計畫改名為「臺南櫻」的馬尼拉櫻花（應為羊蹄甲）。

④

米街的祕密記憶

地點｜新美街「麵屋 壓軸」

從開基武廟旁新美街上，很有個性的「麵屋 壓軸」麵店往外看，則是很有日常感的臺南巷弄。有趣的是，這個窗景過去竟然留有一張幾乎相同角度的老照片！這張照片出自East Asia Image Collection，實際地點是開基武廟旁臺町、本町、西門町交界處。最令人驚訝的是，照片拍到了布行「新復發」及經營者侯基的名牌，而對街的金德春茶莊至今仍在營業。

「新復發」老闆侯基，可以視為「臺南幫」的開基者。曾在店裡實習的侄子侯雨利與其他堂兄弟後來成立「新復成」布行，之後又分家另立「新興」，輾轉成為日後包含臺南紡織在內的龐大事業體。小巷中麵店的日常窗景，竟然是傳說中「臺南幫」發跡重要地點之一，這些講不完的故事也是值得細細品味的臺南趣味。

誤標為「臺南永樂町市場」的老照片。
(圖片來源 / East Asia Image Collection)

⑤
咖啡杯外的時代蹤跡

地點｜漢子勾嬌嬌咖啡早午餐 Hunk and Gorgeous

湯德章大道上，有間別有風味的小店「漢子勾嬌嬌咖啡早午餐」，不甚起眼的入口階梯往上爬到店裡，相信你一定會讚嘆於眼前的窗景。對街一整排的經典建築，每棟都極具代表性，彷彿來到鮮活的建築博物館。

左側美麗的臺灣文學館，前身是名建築師森山松之助設計、一九一五年完工的臺南廳舍，一九一八年至一九二〇年間增建兩翼建築，一九二〇年後因行政區改制而更名為臺南州廳。

右側原「臺南州會議室」於一九三六年落成，主要作為臺南州會（類似地方議會）開會場所，偶爾亦舉辦其他單位的會議、活動。建築於一九六五年改建為市議會，成為大多人的城市記憶。二〇一九年修復工程進行以來，剝除了戰後增築建物，包含尖頂、圓窗、面磚等原始樣貌，令許多人大感驚豔。目前是臺南市中西區圖書館、臺南市二二八紀念館。

TAINAN400 FILE —— 11

「百窗即景」特展

時間｜2024.7.1～12.31
地點｜臺南市立博物館

展覽前半部呈現跨時代的許多府城窗景群相，後半部則由新營社大等提供不一樣視角、府城之外的觀點。

友愛公有零售
NHH-0170
71G-BZP

MUSIC
音樂

繼續傳唱城市追想曲

文字｜林竹方　攝影｜顏歸真　展覽影像提供｜透南風工作室

漂流在臺南的音樂，隨著日常的傳唱，穿梭空間，跨越時間，透過詞曲的跌宕起伏，表達對社會的觀察、情感的甘甜苦澀。一首又一首，一代傳一代，臺南不同的切面都藉由歌曲構築出龐大的縱深。

謝銘祐

臺南人，「流浪之歌—臺南五大天王的臺語流行音樂時代」特展總策展人，曾以專輯《臺南》榮獲金曲獎「最佳臺語專輯」與「最佳臺語男歌手」。

隨著人的遷徙，音樂也踏上了流浪之路。跟著府城流浪漢——謝銘祐的腳步，我們鑽進巷弄，伴著徐徐微風，開啟了這段「流浪之歌」的故事。

人稱「黑哥」的謝銘祐在談起音樂的流浪之際，先悠悠地漫談孕育我們生長的島嶼——臺灣的身世。

臺灣的漢人社會形成以前，於嘉南平原生活的主流人群，主要是以西拉雅族為主的平埔族群。十五至十七世紀時期的「地理大發現」期間，歐洲強權紛紛來到東亞，荷蘭人在時稱「大員」的臺南建立據點，臺灣進入中國、日本及世界貿易版圖。十七世紀中葉，渡海的閩、客漢人入臺墾殖，臺南成為臺灣族群遭遇、交流，以及經濟開發的最前線；其後不同文化的碰撞，又隨著漢人往北、向南墾殖而擴大範圍。後來又有日本殖民政府、戰後中華民國政府等政權來臺，「各種境內、外傳文化交匯於這座城市，臺南於是成為了滋養臺灣音樂人才的基地」。

沿著不同人群生活的移動路徑，外來文化與當地文化互相碰撞，音樂衍生出了新一種混合性的文化形態。「舉例來說，融合了西拉雅古調和南管、北管音樂元素，後來被稱為『臺南調』的〈牛犁歌調〉，正是隨著遷徙、漂泊而誕生。」人們持續往南，這首曲調繼續向南傳唱，又發展出「恆春調」；再往東，則又與當地撞擊出帶有東部悠然韻味的曲調。於是，音樂不停地流浪。

啟程，享受孤獨與自由的浪漫

「創作本身是一種很孤獨的狀態，流浪也是帶著那份強烈的孤獨，同時卻蘊含著一絲自由的氣息。我是一個寫歌的人，離開臺南之後，又回到了這片土地，臺南幾乎可以說是我流浪的起點。」謝銘祐以他獨特的嗓音，神情灑脫地述說著。

二〇一三年，謝銘祐以專輯《臺南》榮獲金曲獎，透過詞曲及他滄桑的歌聲唱出他對

臺南這塊土地的依戀，老城門、五條港、安平等都被他寫進歌曲，以臺語的氣口（khuì-khàu）與魅力，唱出他對臺南的生活感悟與情懷。

「臺南400」期間，曾獲金曲獎榮耀，並將老城門、五條港、安平寫進歌曲的謝銘祐，肩負起從音樂角度詮釋臺南的重任。作為總策展人，「流浪」這個詞始終在他心頭盤旋。由文夏翻譯、填臺語詞的翻唱日文歌〈流浪之歌〉，歌中唱到：「拋棄的阮故鄉，總是也無惜；流浪來再流浪，風雨吹滿身。」這首歌曲的意境，與歷經歷史多次遷移的臺南人們也有所呼應。

一檔名為「流浪之歌—臺南五大天王的臺語流行音樂時代」的特展就此展開，帶著大家認識那段臺語流行音樂的璀璨歲月。

承接臺語流行歌曲的黃金年代

藉由展覽與音樂會，謝銘祐向吳晉淮、許石、洪一峰、黃敏及文夏等五位出身臺南的臺語流行音樂天王致敬。正是這五大天王承接起日本時代引領的流行音樂浪潮，奠定了臺語音樂的基礎。如果沒有他們的傳承和創新，今日臺語流行歌曲不可能如此豐富多樣。

回顧自身音樂素養的萌芽，謝銘祐提到，在臺南的生活讓他長時間浸潤在這片文化肥沃的土地上，深深影響著他的音樂創作。再加上，媽媽喜歡唱歌，小時候常聽著媽媽哼唱〈六月茉莉〉，這首歌至今仍深深刻印在他腦海裡。

後來，偶然間，他聽到鳳飛飛演唱的〈想要彈同調〉，那首由周添旺作詞、鄧雨賢作曲的優雅臺語歌曲，讓他大為驚艷。進一步深究，他發現這首歌是翻唱自一九三三年由陳君玉作詞、鄧雨賢作曲、純純演唱、古倫美亞發行的〈想要彈像調〉。這一發現，成為他探索臺語歌曲流變的契機，也促使原本以華語為創作主軸的他，轉而投入臺語歌曲的創作。

「思念是唱袂完的一首歌／踅佇咧毋出聲的熱蘭遮／歌唸啊唸成詩／伊等啊等成痴」

——謝銘祐，〈戀戀大員〉，2013

一九三〇年代，隨著收音機和留聲機的普及，臺語歌曲迎來了黃金時代。伴隨殖民國日本的現代化與傳統中國文化，臺灣的流行音樂初露端倪，一首首膾炙人口的經典好歌迅速在臺灣流傳。一九四〇至六〇年代，從日治時期到戰後的中華民國政府時代，許多音樂創作者和歌手或因國家政策、或因商業利益導向，轉向華語歌曲市場，臺語歌曲漸漸萎縮、退至非主流市場。然而，臺語音樂並未因此消失，反而藉由飯店、酒家、餐廳、茶室駐唱，或歌舞表演團等形式在各地蓬勃發展。

謝銘祐考察發現，在這段時期，五位天王參與的臺語歌曲數量驚人；且他們皆與臺南有濃厚的淵源，讓他備感親切與光榮。此外，創設於一九五七年的亞洲唱片也位於臺南，不僅是臺灣最早製作黑膠唱片的唱片公司，還延攬全臺最火紅的臺南音樂人如文夏、吳晉淮等，將「日曲臺唱」形式的臺語流行音樂推到歷史高峰。

入城與離鄉，唱出臺南的底蘊

對謝銘祐來說，這次展覽不僅是他首次擔任「策展人」，也是第一次挑戰「主持人」的角色。由於對於展覽領域較不熟悉，謝銘祐特別邀請同樣深耕臺南的透南風工作室合作，在透南風工作室的共同創辦人廖于瑋的召集之下，集結眾團隊之力，攜手策劃執行。

為了讓民眾更深刻地感受到臺語歌的魅力，在展覽期間，謝銘祐分別以「入城」和「離鄉」為主題籌辦兩場音樂會，透過不同表演者的演繹，梳理臺語流行音樂的流動與演變，同時也向五大天王致敬。表演者之間的串場主持，由謝銘祐一肩扛起，他娓娓道來臺南歌曲的歷史變遷，並深入講述五大天王離散與歸鄉的心境轉折。

「入城」唱的是臺語音樂型態的轉變，從早年民謠風格到

「全望多情兄，望兄的船隻，早日回歸安平城。
安平純情金小姐，啊～～～等你入港銅鑼聲。」

——許石，〈安平追想曲〉，1952

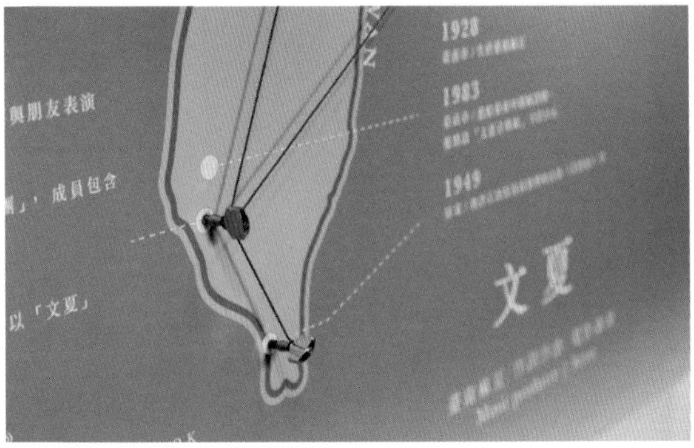

秀場文化，至現今的獨立音樂與嘻哈饒舌，由臺南出身的演唱者們表演不同時期的曲風，呈現音樂的脈絡。「離鄉」則聚焦於五大天王的經典歌曲，邀請與吳晉淮、許石、洪一峰、黃敏及文夏的相關表演者，演唱他們的代表作。更特別的是，謝銘祐特地找來當年與五大天王合作過的樂手們，為這場「離鄉」伴奏，復刻臺語流行歌曲的風華年代，讓聽眾們彷彿穿越時空，感受到那段充滿韻味的時光。

流浪，向下一個時代

「提到臺南，大家馬上會關注的絕對是『美食』，『音樂』這件事通常不會被注意到，但臺南的音樂人應該在這個歷史時刻有個位子。這五大天王代表了一個時代。」透過這次展覽的整理，和音樂會的演出，讓臺南跟音樂同時被討論，迴響相當熱烈。他特別強調：「尤其是第一場的導覽，許石的女兒許碧娜親臨現場，彷彿從展版走出來似的，她以長笛演奏父親的〈安平追想曲〉，相當令人感動！」

展覽才剛落幕，謝銘祐卻已開始構想未來的下一步行動。他希望還能透過更多不同形式的呈現，讓這些臺南歌王的臺語歌能夠持續傳唱，讓飄盪於光陰河流中的旋律，流浪再流浪。

※參考資料：特展「流浪之歌—臺南五大天王的臺語流行音樂時代」、透南風工作室

TAINAN400 FILE —— 12

流浪之歌—臺南五大天王的臺語流行音樂時代

展期：2024.6.28～11.10
地點：許石音樂圖書館
參與團隊：透南風文化創意有限公司、三川娛樂有限公司、日青創藝有限公司
總策展人：謝銘祐
共同策展人：廖于瑋、洪榆橙
諮詢顧問：黃裕元

五位臺南出生的音樂前輩的流浪歲月，承接起跨世代的臺灣臺語流行音樂。

泰民安
泰民安
泰民安
調雨順
中
會

Read More

流行音樂五大天王的臺南足跡

1 吳晉淮音樂紀念館

吳晉淮

生卒年｜1916—1991
出生地｜臺南柳營
經典代表歌曲｜〈關仔嶺之戀〉、〈暗淡的月〉、〈港口情歌〉、〈愛情的力量〉、〈恰想也是你一人〉

位於柳營的故居於二〇一二年改建為「吳晉淮音樂紀念館」，介紹其音樂生平，展示樂譜手稿、吉他及相關文物。

2 許石音樂圖書館

許石

生卒年｜1919—1980
出生地｜臺南市
經典代表歌曲｜〈安平追想曲〉、〈鑼聲若響〉、〈夜半路燈〉、〈南都之夜〉

二〇一八年，臺南市育樂堂轉型成為「許石音樂圖書館」，典藏許石文物與常設展。

安平追想曲　鑼聲若響

3 南門電影書院｜臺南放送局

洪一峰

生卒年｜1927—2010
出生地｜臺北萬華，父親為臺南鹽水人
經典代表歌曲｜〈淡水暮色〉、〈舊情綿綿〉、〈思慕的人〉、〈放浪人生〉

一九四五年後由中國廣播公司接管臺南放送局，洪一峰曾於此演出。

4 延平戲院（今政大書城）

一九三〇至七〇年代間臺南重要藝文演出地點。許石曾於此發表〈新臺灣建設歌〉（後改名為〈南都之夜〉）。

新臺灣建設歌

5 南都戲院（今為停車場）

許石曾於一九五七年在南都戲院舉辦「旅日華僑吳晉淮先生歸國首次大公演」，由許丙丁編寫節目單，許石、文夏、江楓等知名藝人盛大演出。

6 臺南運河

文夏在學生時期常與朋友相約到安平運船上彈吉他，也因失戀而譜出〈運河悲歌〉。

7 亞洲唱片舊址

黃敏

生卒年｜1927—2012
出生地｜臺南市
經典代表歌曲｜〈永遠的愛〉、〈一隻小雨傘〉、〈風醉雨也醉〉、〈今夜又擱塊落雨〉

一九四七年拜師許石學習樂理及聲樂，一九四九年與幾名音樂同好合組亞羅瑪樂團，並進入亞洲唱片。

8 文夏故事館

文夏

生卒年｜1928—2022
出生地｜臺南麻豆
經典代表歌曲｜〈飄浪之女〉、〈黃昏的故鄉〉、〈媽媽請你也保重〉、〈再會呀港都〉

二〇二三年於麻豆成立「文夏故事館」，展示文夏一生的創作與生活。

媽媽我也真勇健

※ 本頁歌曲連結出自國立臺灣歷史博物館「臺灣音聲100年」網站

ALLEYS & LANES
巷弄

老屋、歷史街區重燃生活感

文字｜曹婷婷　攝影｜蘇雅欣

每一座城市都有其獨特氣質，屬於土地的、人文的、歷史的乃至食物的，凡此種種成就城市獨一無二養分。臺南之所以長成現在的臺南，不能忽略巷弄街道與老屋、廟宇、老店等標記為歷史街區之所在，保存並刻劃了臺南豐饒的故事，滋養了聆賞故事的我們。

曾憲嫻

現任國立成功大學都市計劃學系教授，主持有臺南市歷史街區振興補助計畫、「好舊。好」團隊等。

林喬彬

現任臺南市政府文化資產管理處處長。任內完成水交社、西市場等大型修復工程；積極推動建材銀行、嘉南大圳歷史場域再現等計畫。

曾憲嫻：歷史街區的社區營造

初秋十月的午後，走入崇安街（總爺古街），百年「連德堂餅家」照例是排隊人潮，而對面的李家老宅敞開大門歡迎遊客拍照。空氣中雖瀰漫喧鬧氣息，街道卻格外靜謐。

這條街，清朝年間是總兵出入必經道路。經空間測繪及套疊古地圖，兩側街屋位址在清朝時期曾是一座座三合院，歷經分家後，慢慢形成今日所見風貌。

早於二〇一二年投入歷史街區振興計畫之前，成功大學都市計劃學系教授、臺南市歷史街區振興補助計畫主持人曾憲嫻，即因撰寫歷史街區文章，與老巷道結緣。她投入社區營造的起點，即源於二〇〇七年起、歷時三年擘劃的崇安街社造工作。

開始於總爺古街的行動

「總爺老街的街道至今仍保留清朝時期紋理。就整個臺南歷史街區而言，這條街僅是很小的一塊。但它緊鄰臺南火車站，周邊都市景觀改變很大，不斷有外來人口進駐，房子改建帶來很大的變化。難得的是，這條街一直沒變。」

街道訴說歷史，也是城市演進史。曾憲嫻說，崇安街不受都市計畫道路拓寬影響，才得以保留完整紋理。彎彎折折的巷弄又稱「蜈蚣巷」，具備防衛概念；至於街道三合院則是有錢人、官宦人家居所，爾後才漸漸形成今日的尋常人家。

跟隨曾憲嫻引領走過日常的崇安街，歷史恍若重現眼前；而歷史街區的意義，之於臺南之於她，似乎沒有太深奧學問，代表的無非常民文化。

臺南目前共有六大歷史街區，街區同時也還是百姓生活場域。她說，生活在歷史街區的人們是否認同歷史街區？我們在歷史街區留下什麼文化、歷史等獨一無二的價值？這才是她所關

注，並且亟欲營造的。

「歷史街區是動態的，不像修繕一棟建築是靜止的。歷史街區涵蓋建築、街道、公共空間、私有空間等，其中的人員來往也會帶來改變。」對她而言，擘劃歷史街區是動態經營的概念。

「好舊」其實很好

她所領銜的「好舊。好」團隊透過計畫向公部門提出建言，如促使公部門投注資源於歷史街區街道環境改造，提升公共空間品質。更重要的是，誘發私有土地的所有權人，願意走進來、一同整理街區，避免其他乏人管理的私有建築淪為廢墟。

曾憲嫻說，當公私部門與私有土地所有者真正意識到歷史街區承載的使命，逐步活化老房子、街區後，自然能讓街區產生活力；年輕人認同在街區經營生意有收益，願意回來，進而能慢慢讓街區迸發生活感與商業活力。她主張，文化保存前提是經濟要存活，經濟振興才能帶動文化振興。

一路走來，令她感動的是，不乏街道因風華盡褪而日漸衰退，但伴隨著街區改造、老屋整修，街區的生命力得以顯露，原本無心聞問的家族後代願意回來，整理年久失修的老宅，甚至引進品牌經營。老宅重生，進而點亮街區各種可能，「如果沒有這個計畫，這些房子可能一直維持原樣。」

「我們的角色就是導演，擘畫願景並帶著大家一起走。」曾憲嫻說，承接歷史街區振興補助計畫，除了制定計畫也輔導老屋活化。長年在街區走動的結果是，早與街區的人們、老屋的所有者或使用者建立如朋友般情誼。正是傾聽、陪伴及輔導，成就臺南老屋迷人的人文風景。

充滿傳統氣息與時代紋理的歷史街區，曾憲嫻有不少口袋名單。如喜愛廟宇、廟會的文化人士，可走進總爺古街；想了解古蹟與臺南文化，建議從永福路一直往南走到南美館、友愛街，從永福路認識早期辦喜事的餅舖，再到昔日販售舶來品的友愛街，

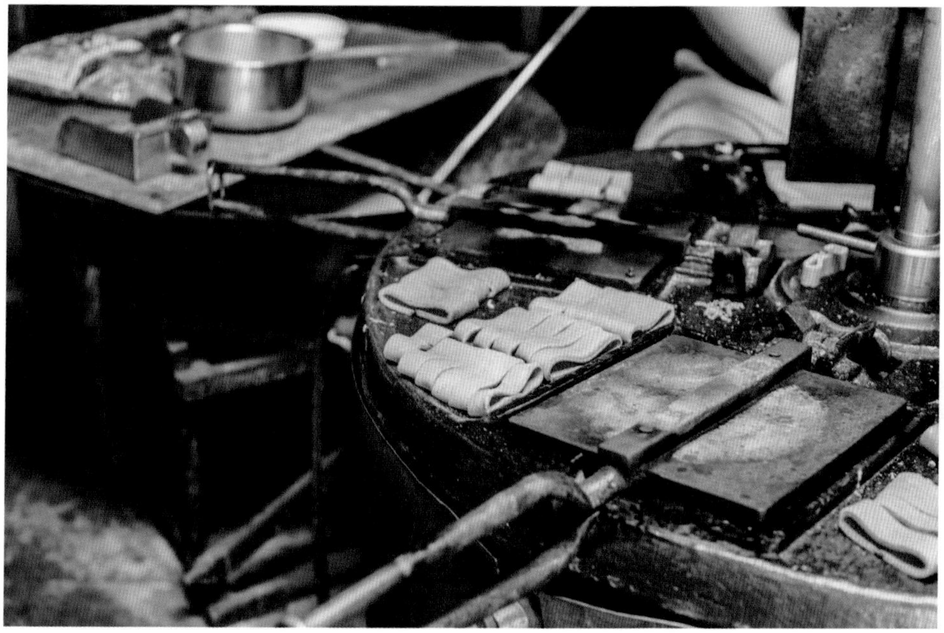

走訪各式老店，若走進兌悅門，則能明顯感受城裡城外之別。「2024年台灣設計展」在臺南便特別串聯老屋打卡，引領更多人走訪歷史街區老屋。

「生活在臺南，臺南更好，大家也更好！」曾憲嫻說，「好舊。好」命名也呼應團隊如何看待臺南，藉此宣導「好舊」其實是好的。十二年來，他們與公部門持續推進歷史街區振興，同時善用文資建材銀行資源，賦予並延續百餘案老屋活化。

面向未來的歷史街區

然而，城市是有機體，不斷在改變與前進，面對文資保存與城市更新開發，要保持平衡並非易事。曾憲嫻說，「保存式開發」及「開發中保存」是當前重要課題。她舉日本京都精華區域田字區域為例，當地以保存為最重要目標，在保存街道特色同時也要符合現代人生活，並未因開發而犧牲京都原有風情與景觀。

「繁花盛開，蝴蝶自來。」臺南街巷、老屋、老店的文化底蘊迷人，吸引觀光客接踵而至，近來卻也面對建商挺進歷史街區計畫蓋建案。她說，正因有〈臺南市歷史街區振興自治條例〉的保護機制，委員們得以現勘、給意見，形成制衡的力量，避免歷史街區紋理在開發過程遭破壞。

由「臺南400」回望歷史街區振興、歷史街道再造等計畫，曾憲嫻說，「人」始終是最關鍵的。「就像協奏曲一樣，大家共譜美好樂章，誰特別突出都可能不和諧，最終必須仰賴居民與商家一起努力。」

走過十二年，臺南歷史街區振興展現了成果。下一哩路，她希望能推動歷史街區「由下往上」的創生力量，由最熟悉地方的居民擘畫、自提計畫，透過議題串聯老屋、社群或居民共同築一個夢，公部門與學界則轉為扮演從旁協助的角色，蓄積街區源源不絕前行的能量！

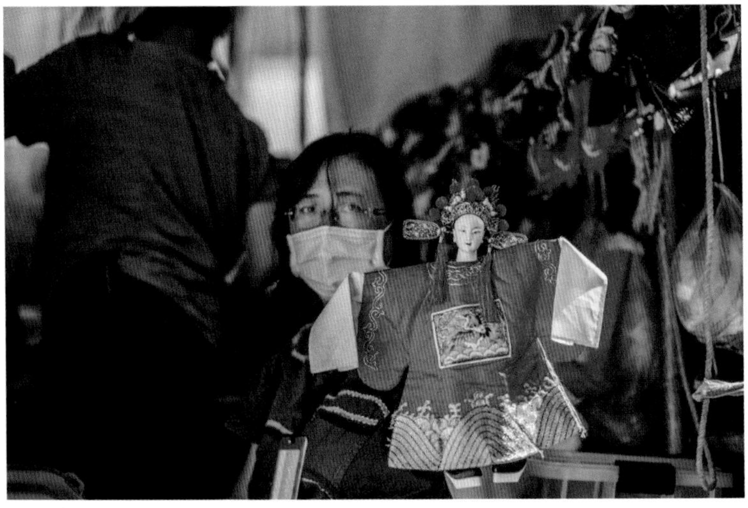

林喬彬：文資建材銀行的社會溝通

前身為日軍步兵第二聯隊官舍群的「321巷藝術聚落」，是二〇二四年臺灣文博會臺南概念展區主策展區，日式宿舍成功轉化為動靜皆宜的展覽場域，令人為之驚艷。事實上，正是因善用建材銀行的舊料，方使得建物與建材均重獲新生。

「這些門窗玻璃厚度僅二毫米，不同於市面流通的三毫米」，臺南市文化資產管理處處長林喬彬介紹321巷藝術聚落宿舍修復所用舊料。小至螞蝗釘、大至檜木，均來自建材銀行，光木料就用了近五千台才檜木（約十三點九立方公尺）。這裡，也是目前使用最多元、最大量材料的單一案場。

文資建材銀行的成立

「臺南文資建材銀行」為臺南市文化資產管理處於二〇一七年全臺首創。林喬彬說，縣市合併前，原南市已收集許多不同案場舊材料，但當初沒有固定空間收納，只能放在尚未修繕的歷史建築、古蹟。當累積一定數量，每遇修復就得搬來搬去，不太實際，因此決定成立建材銀行。當初選址歷經南大附中、位在林森路的農試場考種室市定古蹟等考量，最終落腳蕭壠現址。「我們與在地文化團體、學校洽談，透過公開徵選找到營運團隊管理，並確立用途。」

建材銀行主要工作集中於建材「收、存、用」三個面向。捐贈者無償提供材料後，會由營運單位到場評估並運回整理儲放，建材日常整理維護則按照每種材料特性給予不同照料。目前材料來源，主要為民間無償自主捐贈與公部門五十年以上公有建物汰除後尚可用的建材。

建材銀行上路八年，迄今

捐贈一百四十五案材料，申請使用共計一百七十三案，舉凡木材、舊玻璃、五金等都有。這些保存下來的舊料，主要運用於古蹟或歷史建築修復、受市府補助的老屋修復申請案等，近年也擴及學校單位教育推廣使用，並且提供藝術家策展借用。

林喬彬提到，現在的五金構件偏向工業化製品，少了溫度與感情；但老房子構件別具手工氣息，倘能夠保留、再利用，都會努力設法賦予新生。３２１巷藝術聚落所使用的百餘片玻璃，即來自民生路老字號「三明玻璃行」——業者決定歇業後，主動聯繫捐出全數玻璃予建材銀行。

從舊料再生展現對文資保存的細膩

收取舊料過程像是在做社會溝通與社會教育。「好好拆，抑或用怪手粗暴拆房子，材料取得率差很多。」目前團隊也做到讓拆屋公司能主動找上建材銀行，畢竟建材拆除後需額外處理且費用高昂，若能搭配建材銀行拆除，可降低處理費，堪用建材還可交給建材銀行。

此外，團隊也曾將拆除過程拍成紀錄片。過去麻豆有碾米廠拆除後，將碾米機具捐給建材銀行，隨後輾轉落腳後壁益昌碾米廠。「舊料新生」的機緣串起麻豆、後壁兩家碾米廠情誼，見證機具在另一個碾米廠延續生命與故事。

在臺南，文化資產可謂地方共同記憶。林喬彬說，民間文史團體長年積累關注，並且爬梳史料，之於政府既是合作者也是訊息提供者。除了協助調查文物現狀、歷史脈絡等，同時也扮演監督角色，提醒政策執行的不足。

尤其，文化資產需要讓社會大眾了解，民間團體更扮演文化推廣與教育合作角色，透過與政府合辦活動、講座、展覽等，讓民眾更了解文資議題與價值。當中不乏擁有專業技術知識或資源的團體，還能進

一步提供文物修復、調查研究等資源。

談到文化資產與城市發展的微妙關係，林喬彬強調，「兩者並非天秤的兩端」。時代不斷演變，民意不再認為遇到文化資產就完全不能開發，而是希望能找出兼具保存與發展共存的與時俱進作法。他舉南鐵地下化為例，鐵道局在施工過程陸續挖掘出二十處遺構，民眾多盼未來遺構不僅是靜態展示，而是期待更多元、結合科技手法的保存策略。文資處自然樂見，傾聽市民聲音。

老屋的時代意義

同樣地，老屋歷經幾代更迭，免不了頹圮拆除，引來嘆息。有的具文化資產價值而被列為保存標的，卻因屋主後代移居外縣市或國外，考驗老宅存續。林喬彬舉東門路「許嵩煙老宅」為例，過去曾作為東門美術館，美術館搬遷後一度荒廢；二〇一七年為了將其登錄為市定古蹟，文資處鍥而不捨地與原本相當抗拒的屋主保持聯繫，最終獲其願意配合文史調查、保存維護。除了申請古蹟本體補強、加固，文資處也主動協助爭取補助調查研究經費，後續可望啟動修復。屋主也相當期待能使老宅活化，讓老家成為一個「說故事」的空間。

一個城市開發要留下什麼？他比喻，若古蹟歷史建築是一朵花，歷史街區巷弄就是綠葉。唯有兩者相互疊合並進，整個城市紋理畫面才會更完整、更豐富與更協調。

Read More 臺南市文資建材銀行

臺南市文化局二〇一七年為帶動舊材再生利用風氣，增進文資保存效益，全臺首設文資建材銀行，訂定有「臺南市文化局文資建材銀行營運管理要點」。透過收集舊建材賦予新生，提供大臺南古蹟、歷史建築、紀念建築及老屋修繕之用。

Read More 臺南市已公告歷史街區

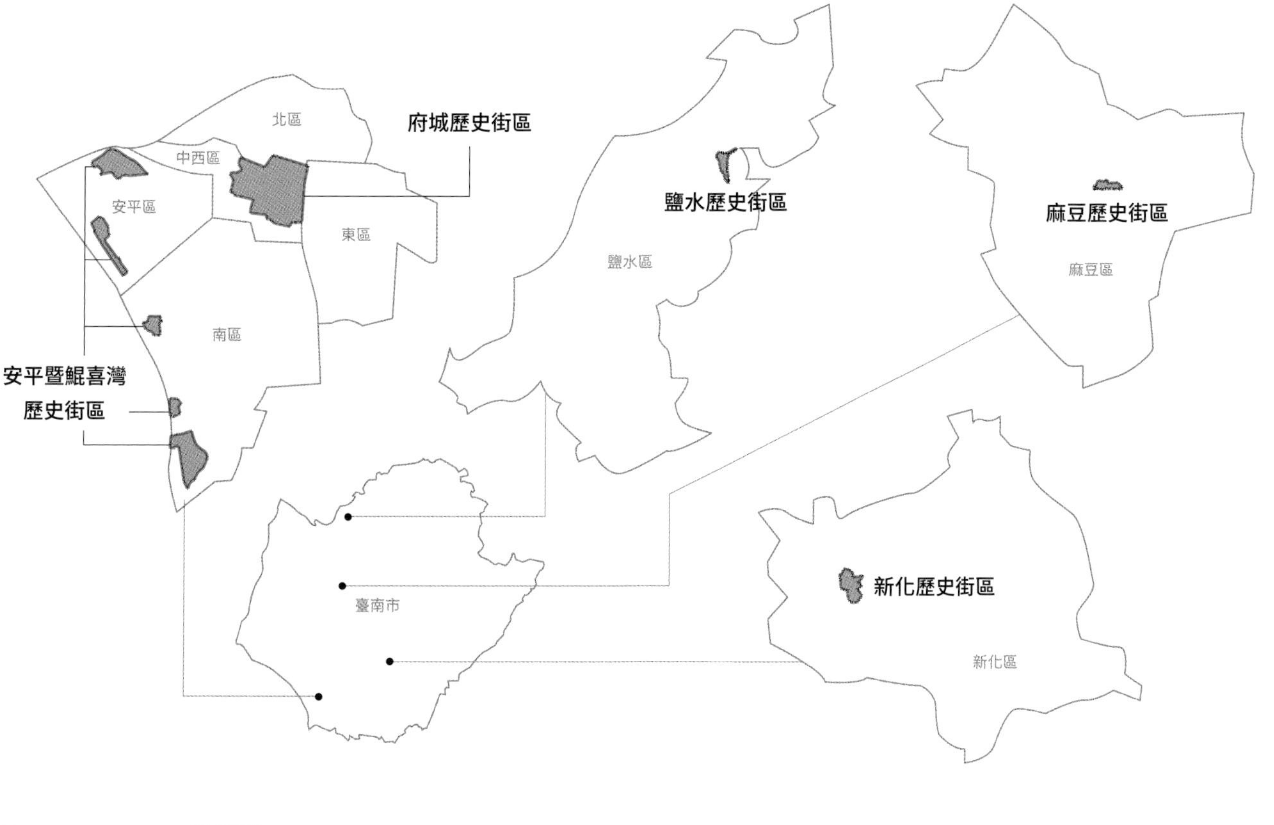

（攝影／張耀翔）

CUISINE
飲食

回憶中的臺南味

插畫｜羅寗

說到「臺南的滋味」，你會想起什麼？俗擱大碗的豆菜麵早餐來上一碗、紮實鮮美的清蒸蝦仁肉圓當點心果腹、雙唇一抿黏膩卻留香的肉燥飯……，可能以上皆是，也可能都不在好球帶。吃之一事，與孕育自土地的物產、生活的細瑣經驗息息相關，邀請三位出身臺南的帶路人，分享他們在地生活的飲食經驗，書寫那些深埋記憶中的城市滋味。

靠山・酪梨籽

文字一楊富閔

長在務農的家庭，我的時間感知與水果意象緊緊繫著。家裡種的水果不計其數：愛文、金煌、柳丁、白柚、文旦、龍眼、荔枝……，可以說是模範農家。最讓我印象深刻的一棵孤獨的仙桃樹，那是祭祀供佛的最佳選擇；最讓我懷念是曾文溪邊的一棵土芒果。都是只有一棵。

種水果就是要賣。有關水果的記憶，雖與童年綁定，但我記得：辛勞的祖母，摘採、撿顆、裝箱，等在果菜市場卻無人聞問的夏季午後。常常我們在大雷雨中，站在騎樓，看著一箱一箱原封不動送了回來。

那時，唯一不用擔心的是酪梨。酪梨好賣。二十世紀的最後十年，每到酪梨產季，鄉間不時傳來偷果賊開車入山的消息。農民半夜三更騎著機車去巡田，而我家的酪梨園不靠馬路，出入不易，可是大人小孩，集思廣益，還一起布置了一個蚊帳、放了小桌，擺上了一臺收音機，就為了營造這裡有人出沒的樣子。

酪梨賣很好。大人口中喊它「阿姆卡洛」。夏天，冰箱總有一缸母親親打的酪梨牛奶——也是夏天，家裡的果汁機才有機會亮相。於是整個暑假，我們兄弟就將酪梨牛奶當成開水在喝。

除了打果汁，那時吃法單純，習慣切塊沾上蒜頭醬油。酪梨品名多，形狀不同，祖母口中

楊富閔

臺南大內人，喜歡酪梨牛奶與老舊報刊。出版小說《花甲男孩》、散文《解嚴後臺灣囝仔心靈小史》、《故事書》、《賀新郎：楊富閔自選集》與《合境平安》。作品曾改編為電視劇、電影、漫畫、繪本與歌劇。

左一句「紅心園」，右一句「中生仔」。很親切。名字聽來像是認識數年的親友。祖父曾當過酪梨班的班長，帶領家鄉農民，搭上一臺遊覽車，說是要去考察現代農作的技術。那是快三十年前的事了。

現在酪梨吃法越來越複雜，而家鄉大內每年都有酪梨節。酪梨如同尚未定義清楚的文學符碼，正在不停擴大它的可能。於是想起故鄉的植栽行，特別歡迎收購圓圓的酪梨籽。不知它們要如何變成一棵酪梨樹？關於酪梨，我們還有好多好多的故事。

對望・思念的蚵仔煎

文字—小城綾子

有一个所在，釘根佇我的記持內底，三不五時就浮出來佮我相（sio）對相（siòng）。

彼个所在，是舊時代新營市場的一部分，長長兩排木造的店面對日時開到暗暝，愈晏（uànn）愈鬧熱。店內大多數是賣食的，有爸爸愛食的牛肉爐、媽媽愛食的蚵仔煎，有二姐愛食的蜜豆冰和我上愛的肉圓，嘛有新營上有名的豆菜麵佮用粗糠

小城綾子

小城綾子，本名連鈺慧。二〇一〇年初識臺文溫潤優雅之美，開始了臺語文的書寫。曾獲府城、南瀛、吳濁流、台文戰線及臺南文學獎。著有短篇小說集《城市痞子》、《月落胭脂巷》。

做柴火炒出特殊芳味的鱔魚麵……。

結婚了後我定居臺南府城，佇這个市場行踏的機會減足濟。時代的變遷予這个鬧熱滾滾的所在像一鼎燒燙燙的滾水沓沓仔冷去，市場失去以早的繁華，店面一間一間收起來。

有一日我轉去新營，陪八十外歲的媽媽行過彼个市場。規排店面收甲偆三四間，空氣中流動著稀微寂寞的氣味。媽媽吐一个大氣，講：「對少年行踏到老的這个市場，佮我仝款，老矣。」

我問媽媽敢會記得以早來食蚵仔煎的往事？媽媽想一觸(tak) 久仔，笑出來：「你彼時毋敢食蚵仔，逐擺攏講欲食無蚵仔的蚵仔煎。」行遠去的記持雄雄倒轉來，媽媽面頂的笑容久久無散。

親像對彼个市場講再會，彼是媽媽最後一擺去遐。

此後，我不時轉去新營和二姐做伙陪爸爸。知影我愛食肉圓，爸爸逐擺都堅持欲買肉圓予我帶轉來台南。

如今，爸爸嘛已經去天頂佮媽媽做伴，市場也拆除矣。當我又閣想欲食蚵仔煎佮肉圓的時，我知影，彼種滋味叫思念。

佮kah：和
晏uànn：晚
沓沓仔tauh-tauh-á：慢慢地
一觸（tak）久仔：一會兒
逐擺tàk-pái：每次
遐hia：那裡

黃信堯

家住臺南鹽分地帶，紀錄片及電影導演，作品包括紀錄片《唬爛三小》、《北將七》，劇情長片《大佛普拉斯》等。

TAINAN400 FILE —— 13

臺南 400 城市食力—觀光美食博覽會

時間｜2024.11.29～12.2
地點｜大臺南會展中心與臺南市三十七區

以展覽及飲食體驗為主軸，關注風土、萬物、地方、家味、凝聚、手路、品味、味譜、流動和未來等十組主題，回應臺南豐富的飲食文化底蘊，並著眼於臺南飲食的未來性。

近海・「上比」的滋味

文字｜黃信堯

我喜歡閒晃，不管在地或異地，也喜歡去老舊的店裡吃東西，不管是舊的還是破的；閒晃是一種探索，而老舊的店家是故事。那故事不是店家的創業歷程，而是褪色招牌所積累的靈光。那是老闆和客人們的共同創作，在這飲食的空間，創造出無法模仿的風味。這是依賴google評論所搜尋不到的，所以我喜歡憑直覺與緣份，深信亂繞與意外總會找到有故事的店家。

我住在七股，常常去佳里覓食。早已忘記當初是怎麼走進店裡，應該是那褪色和不合時宜的裝潢吸引我走進去。沒有冷氣沒有門，停好機車就逕自進入。牆上的菜單滿多元，感覺是從早餐賣到晚餐的店。我看了許久，發現一個小時候的名詞：快餐！而且只要六十元！於是毫不猶豫地點了下去。趁著上菜前看了店裡陳設，感覺以前是間冷飲店或冰果室。上菜時是一個大大圓形餐盤，裡頭除了白飯，還有三樣菜，一塊肉一條魚，再附上一碗湯。這去附近的自助餐應該要一百二吧！雙主菜耶。

料理都是老闆娘一個人負責，炒飯炒麵或少了菜色，就直接在店裡炒起來，沒有抽油煙機，但也沒人在意。整間店多是熟客，中午忙時客人還會幫忙上菜收碗盤，也會自己進到內場夾菜配料。不但老闆與客人聊天，客人和客人間也會一起聊天。我喜歡看著店裡的一切，聽大家聊天，插不上話，安靜地扒著飯，邊欣賞了場電影片段。

有次喝湯，喝完才發現碗裡印有店家的名字：上比休閒坊！它在光復路上。

往後幾年我只要有去，就只點快餐。時至今日變成八十元，我也還是只點快餐。

順帶一提，隔壁的名匠咖啡原本也是間簡陋的咖啡豆專賣店，簡陋到我看了好幾年都不想進去，後來一進去就成主顧。只是前幾年老闆做了簡單裝潢，現在變得比較文青風。

CREATION
創作

「臺南」作為主題

文字｜宋思彤　插畫｜劉耘桑

「臺南 400」以不同類型的展演，呈現出臺南深厚的歷史人文故事。不論是設計吉祥物、把文化記憶具象化，或者是將其轉化為交響樂，都成功引起民眾興趣。事實上，這些展演的設計者，有些不是臺南本地人。而他們如何觀看這座城市？又怎麼把他們所見所感，轉化為這些精采的作品？

Q 提到「臺南」，直覺聯想到什麼？

陳普 我覺得是多層次的五感體驗。無論飲食、建築、巷弄，或者現代美術館，每個角落都蘊含豐富的歷史、文化故事，是一個容易讓人迷失，但更想一探究竟的城市。

蕭育霆 我想到的是牛肉湯。（笑）每一家店都各自擁有獨特的風味。這應該是歷史傳承下，呈現出的多元樣貌？

林凱洛 雖然我對「私房景點」情有獨鍾，但也會喜歡石精臼的蔡家米糕和謝家八寶冰。還會帶日本朋友到保安路吃浮水魚羹與杏仁茶。

Q 參與「臺南400」的經過與契機？

陳普 二〇二三年，我為臺灣國際蘭展設計了吉祥物「Orchid獸」，將蘭花和恐龍共生的形象具體化。展出時，收到了很多民眾的熱情回饋，這讓我們花了更多時間深入臺南在地，促成今年在文博會的提案。

「貓咪」跟城市形象是否有相應之處，是我們一直在思考的問題。某次跟謝仕淵局長討論時，意外得知臺南與貓的淵源——大航海時代，荷蘭商船往往飼養許多貓咪抓老鼠，隨著他們在安平登陸，有一部分的貓就在這落地生根。這成了「巷仔

陳普

臺北人，設計師，「日目 247Visualart」創辦人，近年代表作有二〇二四年文博會「巷仔 Niau」、二〇二三年臺灣國際蘭展「共生站與Orchid 獸」等。

林凱洛

彰化人，企劃統籌、品牌顧問，「KAIROS PLANNING STUDIO 嘉林企劃」總監，策畫有二〇二四年文博會「Lesson: D」部分展區。

蕭育霆

臺中人，編曲家，好聲樂集室內樂團團長，負責《風起王城》音樂會《府城映畫》、《搖滾臺灣》組曲編曲。

Niau」的原型。

蕭育霆　蕭邦享老師是這次音樂會的音樂總監兼指揮家，他找我討論如何呈現「臺南400」時，我們直覺地聯想到臺南是座「文化古都」。不僅誕生了非常多音樂家、創作人，許多歌謠更是與這座城市密不可分。

我們一致同意以音樂會的形式進行，希望透過交響樂團與合唱雙重交織的演出，喚醒臺南人的歷史感，展現出臺南四百年風華。

Q 怎麼將「臺南」的元素帶進創作之中？

陳普　設計之初，我們與文化局密集討論，一直思考「要如何做出特色」。最後決定將歷史、城市的元素，變成吉祥物身體的一部份。舉例來說，牠的耳朵是以臺南孔廟的屋檐為範本，尾巴設計成麒麟尾，也遵循史實。

動畫中，巷仔 Niau 乘坐一艘克拉克大帆船，船身有許多臺南建築物細節，如同一艘乘載四百年文化的載體。視覺效果上，我們使用了類似俄羅斯方塊的風格，象徵臺南由建築與文化堆疊起來，是富有內涵和活力的一座城市。

林凱洛　我特別挑選關子嶺溫泉的澡堂文化和臺南興盛的手搖茶文化，並把地方特色跟生活記憶具象化。

我們找了集結一群創意人的「StableNice BLDG.」跟「Loffice」進駐，展區結合百年中藥行、木屐老店，象徵從過去、現代到未來的臺南新錢湯。另外，由於臺南是許多手搖品牌發源地，我們邀請攝影插畫團隊「俗俗生活百貨」、服飾店「香蘭男子電棒燙」參與，同時將臺南常見的水果、神明設計成文創商品，希望讓手搖文化成為城市觀光的一環。

蕭育霆　這次音樂會中，我負責編排兩首組曲。希望透過重新編曲，加入現代感的旋律，讓年輕一代的臺南人願意接觸。

《府城映畫》利用臺語歌謠，將〈關仔嶺之戀〉、〈六月茉莉〉、〈安平追想曲〉和〈鑼聲若響〉等曲子，融合古典、巴薩諾瓦，以及拉丁曲風的「恰恰恰」等音樂風格，呈現出不一樣的古都樣貌。至於《府城搖滾》組曲，則挑選較當代的流行樂，如〈永遠不回頭〉、〈我期待〉、〈明天會更好〉等歌曲，象徵這座城市即使遇到阻礙仍繼續邁步向前。

Q 希望觀眾從自己的作品，得到什麼樣角度的思考？

陳普　某次我在路邊攤吃飯，偶然間聽到隔壁桌遊客，討論要去哪邊跟巷仔 Niau 拍照，讓我發現這次的創作，是真正被大家接受且喜愛的。我希望可以透過這隻貓咪，讓民眾對臺南文化產生親近感，進而重新發現臺南的美好。

林凱洛　「香蘭男子電棒燙」不僅是一間理髮廳，更象徵某一個時代的文化風景。我們特別安排香蘭「重回」過去他們曾進駐的「321巷藝術聚落」，展出期間有很多民眾特別來這些老房子回味、致敬，別具意義。

蕭育霆　音樂是老少咸宜的感官體驗，我們想要透過音樂，讓老臺南人懷舊，年輕人更認識自己的家鄉，並使外地人深入發掘這座城市的文化故事。同時，希望藉由老歌謠和現代風格的融合，也能讓觀眾有更多層次的感悟與思考。

OBSERVATION
觀察筆記

一場以城市為單位的文化行動

文字｜徐祥弼

二〇二四年適逢台灣燈會、臺灣文博會、台灣設計展三項國家級盛事在臺南舉辦，臺南市文化局如何透過這一系列活動捲動市民參與，同時對外展現這座城市的文化底蘊？從博物館員、歷史學者到古都的文化局長，謝仕淵局長邀請編輯團隊共同聊聊，彼此對於「臺南400」的想像與思考，提出他的觀察筆記。

謝仕淵

一個被公務員身分耽誤了的美食家與歷史學者。

筆記①

四百 Tainan 了？

紛雜的歷史想像與身份認同，投射出不同的「400」詮釋與想像，「開臺」或者「建城400年」皆一度躋身主活動名稱提案。文化局能做的只有一再地協調、溝通。例如協調鄭成功的祭祀活動區域，平衡並尊重不同族群的聲音與記憶。

最後，「建城」拿掉了，「年」也不見了，成為了現在的「臺南400」。謝仕淵笑稱：「有文化自信心的人，才不怕叫什麼名字。」

臺南400：一起臺南，世界交陪。
（攝影 / 王人傑）

筆記②

一隻有故事的貓

沒人想辦沒有人來的活動，只有吸引人潮來，才有可能達到後續的效益及目標。因此，今年文博會頗受好評的「巷仔Niau」責任格外重大。對貓感興趣的人，不見得想了解歷史，「巷仔Niau」需要讓一半或至少三成的人，出自於好奇而探究——這隻貓的尾巴，為什麼會是這個樣子？

駐足孔廟門口的巷仔Niau

筆記③

太戲劇性的「臺南製作」

「透過臺南的藝術家，用我們自己的方式，說臺南的故事。」謝仕淵強調，臺南400的目標之一，即是建立起一套「臺南製作」模式。由文化局制定活動目標，再邀請市內各領域的藝術專業工作者，參與進這個平臺。如此一來，不只溪南、溪北的藝術家都有角色，還能合作、碰撞出新火花。

臺灣文博會臺南概念展區「Lesson:D」透過外縣市的阮劇團，有效且成功地組織起在地演員擔任歷史人物NPC（Non-Player Character，非玩家角色），獲得民眾廣大回響。年度大戲《風調雨順》，則與南瀛國際民俗藝術節結合，以舊縣區既有的八家將、宋江陣與牽亡歌等在地文化，加上阿雞、曾伯豪等臺南音樂人，帶出符合南瀛風土脈絡的故事。

「Lesson :D」展區邀來歷史人物NPC

筆記④

臺南日常＝400+白日夢冒險家

題為「《400+》民間參與計畫」的行動方案，鼓勵藝術家及文史團體「向政府提案」，希望去除官方的包袱與框架限制，達成政府想不到也做不來的行動。期間，文化局支援了普濟燈會前往日本東北，由非官方的角度讓世界看見臺南；並且協助聲景藝術家蒐集屬於這座城市的各式聲音，讓民眾聽見有點熟悉卻不大一樣的臺南。

衍伸自歷史縱深的「臺南400」，於是有了現實關懷，以及理想性的願景。「臺南400」並不只能連結到這座城市的過去，更涵蓋了大臺南每一個人的平凡日常，那些微小又如此真實的夢想。

普濟燈會前往日本東北展出（圖片提供／普濟文史研究協會）

筆記⑤

當你凝視河流，河流也在凝視著你

相對於文博會是向民眾提出「共同找尋、認識臺南過去」的邀約，台灣設計展透過設計方法的介入，叩問著「這座城市的未來」，臺南市美術館的「我們從河而來：流域千年・文化共筆」特展，則相當巧妙地切入這座城市的綿延時空。藉由溪流繫起大臺南幅員遼闊的各式議題，透過歷史角度詮釋當代重要問題，以策展凸顯議題、激發市民討論。

以城市的文化治理角度來看，計畫的執行應以五年、十年為單位，文化局不希望「臺南400」一年下來什麼也沒能留下。

「我們從河而來：流域千年・文化共筆」特展（攝影／郭宛諭）

LOCAL & ACTIVITIES

第三章

地方本色

（攝影／徐祥弼）

嚴婉玲：「不靠政府，我們也能一起把這件事做起來。」

文字｜袁珮芸　攝影｜許家豪

台南新芽（以下簡稱新芽）作為深耕臺南在地的倡議團體，成立的第一步，是透過剪輯議員質詢影片，訴諸輿論以作監督。正如同「《400+》民間參與計畫」試圖從公民的角度，串聯起不同領域的資源，展現民間的能動性，新芽亦試圖穿梭各方利益來回溝通，創造相互理解與共識的可能。

嚴婉玲

臺南中西區人，在臺北求學期間參與野草莓學運、三一八運動，並出任社會民主黨籌備處秘書長。二〇一六年，返鄉成立非政府組織「台南新芽」，期許凝聚公民力量監督市政，降低公民關心政治的門檻。

「剛回到地方的時候，我常常覺得自己像是個在故鄉的異鄉人。」

嚴婉玲坦言，以前關於臺南的記憶，無非家、學校兩點一線，對於中西區以外的臺南，反而比臺北還要陌生。後來真正在家鄉投入倡議，經驗也和過去在臺北參與社會運動的經驗大為不同。「臺北作為首都，立法院、媒體等機構集中，談的往往是整個臺灣。相比之下，地方層級資源有限、關注度相對較低，大幅提升地方倡議的難度。」

作為少數扎根臺南的地方倡議團體，新芽專注於在地議題，並且從地方視角檢視國家政策。舉例來說，近年政府推動能源轉型，臺南七股因擁有大片魚塭與充足日照，被視為發展太陽能光電的理想地點。然而，政策推動可能涉及土地買賣利益，甚至影響當地養殖業權益，中央制定政策時未必能夠預見這些問題。這也是新芽作為公民團體的目標，同時亦思索如何透過在地的方式討論、解決問題。

「在地方，尤其講究人際關係。」嚴婉玲強調，地方的人與議題緊密交織，每個人身上都有複數的人際網絡。當台南新芽關注七股的能源轉型時，不僅要監督政策的制定與相關討論，還需考慮漁民、地主、返鄉青年等各方利益。回到臺南後，她發現比起對抗或直接指正，更多時候需要透過對話相互理解，嘗試協調出各方都能接受的方案。

一張串聯起公、私部門的「新芽網絡」

過去八年，新芽花大量時間與公部門溝通，藉由議題式的參與提出政策建議。為了維持組織的獨立性，他們原則上不接受臺南市政府的標案或補助。「我們碰政治很容易被貼標籤。當所有人都討厭我們一輪之後，我們就滾動式中立了。」「滾動式中立」也意味著他們在每個議題上都可以是合作夥伴。

「新芽不是某一個專業領域的團體，但我們知道在不同議題中該找誰合作。」無論是致力文化資產保護的古都保存再生文教基金會，還是關注鳥類、環境的台南市野鳥學會，新芽都能在特定議題串連起對應的團體。嚴婉玲認為，正因新芽關心所有臺南相關的議題，恰能作為公部門與地方非政府組織間的關鍵橋樑，創造在地相互連結的網絡。

民間做為行動的主體

「如果說有一些事情是民間本來就想做的，有沒有可能藉由四百年的契機，讓這些民間的想法茁壯發展？」嚴婉玲強調，「《400+》民間參與計畫」恰恰展現了臺南蓬勃的民間活力與動能。雖然是官方的活動，但目標是從公民的角度，串聯起不同領域的資源。

舉辦「臺南市地方財政營」，帶領民眾看市府預算。
(圖片提供 / 台南新芽)

新芽作為公民團體的目標，是思索如何透過在地的方式討論、解決問題。

1

2

1 新芽舉辦「好南進行事永續大展」，參與民眾向陳怡珍議員解說模擬議會成果。

2「臺南過馬路大富翁」活動，抗議微罪不舉導致交通問題。

（本頁圖片提供／台南新芽）

「我們思考著可以對未來的臺南留下些什麼」，嚴婉玲不希望「臺南400」如同璀璨而短暫的花火般煙消雲散。就她自己親身參與的「好南進行事—永續教育行動」與「『女子』（好）生活—地方實踐的女性現身與願景倡議」兩個計畫而言，便是透過與其他在地團體合作，共同推動永續教育與女性公共參與，倡議之餘也讓影響扎根。

前項計畫與台南企業藝術基金會合作，串聯十八個在地團體，培力大學生帶領小學生認識永續發展，最後透過策展形式呈現成果。為期半年的活動中，還特別安排學生旁聽臺南市議會的議員質詢，由現任議員指導小學生擔任「模擬議員」，以此幫助他們理解代議士在公共事務中的功能。第二項計畫則集結八位長期耕耘臺南不同領域的女性行動者，藉由工作坊、論壇、音樂會等形式，討論女性在公共參與中常面臨的困境及可能的解決方法，期待藉此擴大社會對於女性群體的支持力量。

「『臺南400』似乎總在回顧過去，緬懷四百年前臺灣與世界的交集起源。但永續談的是未來，如何從當代邁向未來。」嚴婉玲認為，「400＋」不僅支持文化相關議題，更重要的是將視野擴展至永續發展、性別平權等具願景性的行動目標。如此一來，這些活動才能真正不僅只是一時的熱鬧，而能讓公民參與的種子萌芽，有機會在未來繼續發展。

從「臺南400」到「府城建城300」

繼「臺南400」，二〇二五年將迎來「府城建城300年」，這是紀念一七二五年臺灣府城築起的城牆。後來透過民間捐輸，城牆得以由木柵改建為更堅固的三合土城牆，當時的民間社會自發地尋找資源、實現願景，是「眾志成城」的展現，也給後人重要的啟示。

「如果今天有想做的事情，政府沒有資源，我們不如自己在民間串聯，相互照應。也許就像三百年前一樣，我們自己出錢達成目標！」從「臺南４００」到「府城建城３００」，更強調民間社會自發行動的力量。嚴婉玲強調，以「建城」的歷史事件作為行動契機，刺激臺南在地的公民社會動起來，一同思考：「我想要什麼？我可以向誰要資源？不靠政府，我們也能一起把這件事做起來。」透過這一系列活動，喚醒三百年前民間集體的能量，協力創造出屬於臺南在地的未來。

Read More **台南新芽**

台南新芽成立於二〇一六年，致力於提升公民對市政的關注與參與。作為臺南在地公民組織，台南新芽積極推動市政監督及公共參與，以此創造公民參與的可能。

Q&A

非政府組織工作者的快問快答

Q 提到「臺南」，會想到的是？

A 臺南是我的故鄉，即使離鄉背井十幾年，最終仍然會到這裡生活。這種牽引是無法透過理性解釋，但真實存在的情感。

Q 本次臺南400系列展演活動中，最喜歡的是？

A 在南美館展出的「我們從河而來」讓臺南的想像不只在人的文化業績，也把視野拉大到人與水文環境的互動，很有啟發性地提供我們展開更深層的反省與思考。

Q 說到臺南400，想推薦的作品是？

A 一定要推強者我朋友蘇峯楠寫的《行走的臺南史》，雖然這本書不是為了400而寫，但看完之後就能了解臺南如何長成今日的模樣。文筆平易近人，適合大眾閱讀。

Q 最想推薦給外地人的「臺南」是什麼？

A 從舊市區的熙攘到舊縣區的安逸，展現在外人面前精彩繽紛的臺南其實是我們的日常，不妨試著潛入並感受這樣的日常。

為了迎接「臺南400」系列活動，「《400+》民間參與計畫」補助臺南各地民間團隊發想各式提案，集眾人的創意響應城市盛會，共同勾勒出臺南的多元面貌。

400+
的眾生風景

文字整理｜編輯部、「《400+》民間參與計畫」團隊

圖片提供｜「《400+》民間參與計畫」團隊

行政協力｜臺南市政府文化局文化資源科

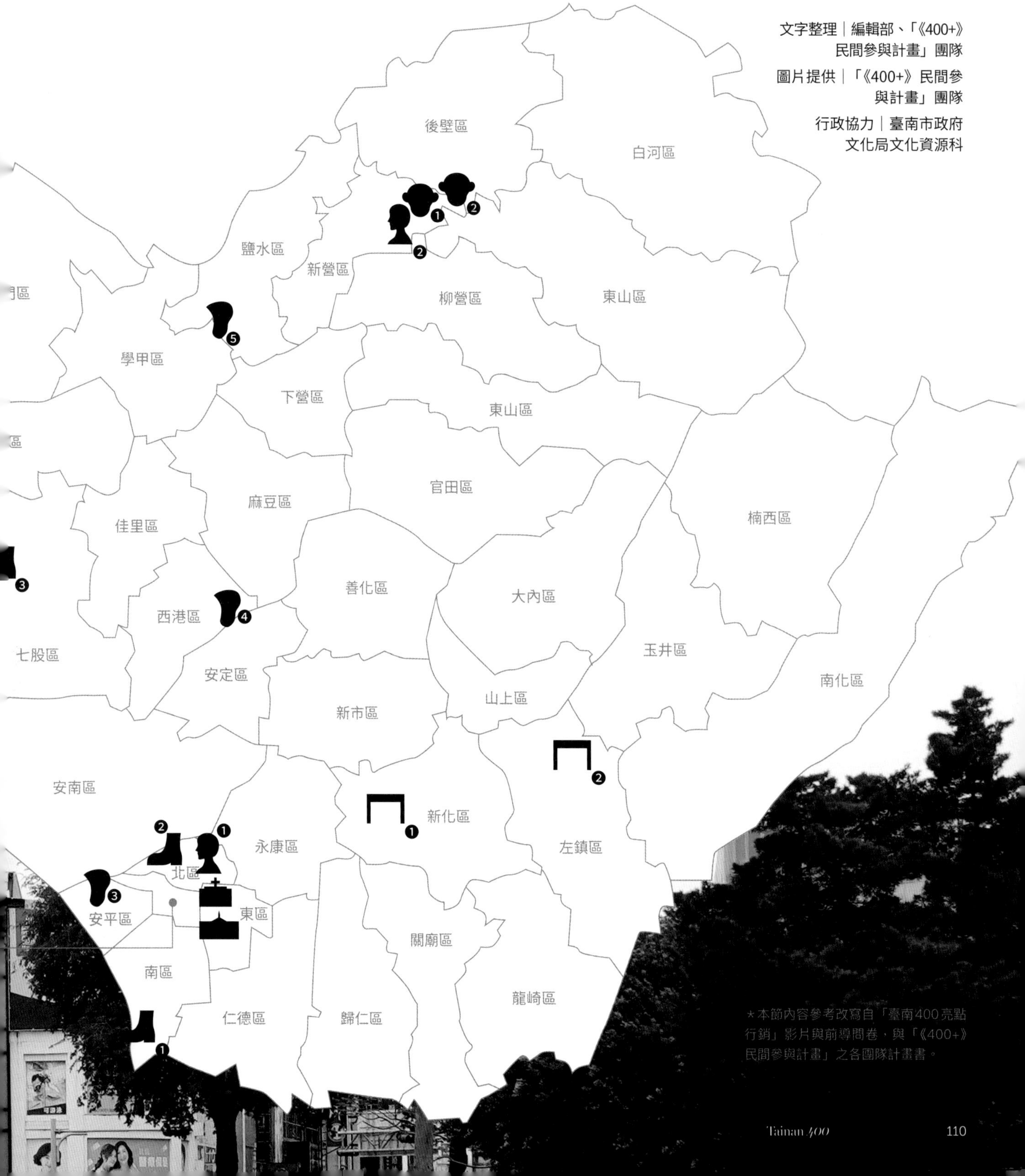

＊本節內容參考改寫自「臺南400亮點行銷」影片與前導問卷，與「《400+》民間參與計畫」之各團隊計畫書。

臺南市民宿文化發展協會

二〇二四敲鐘祈福

❶ 聚福宮
❷ 集福宮
❸ 崇福宮

及其他臺南三十七區宗教單位

臺南市皮革製品商業同業公會

臺南「製鞋技藝文化展演」暨校園文化傳承系列計畫

❶ 省躬國小
❷ 文賢國中
❸ 光復生態實驗小學

及其他五所臺南國中小學

目目文創工作室

臺南聲景百選

❶ 東菜市熱鬧日常
❷ 清水寺枋溪溪水潺潺
❸ 安平魚市場數魚苗
❹ 西港廟口的牛犁歌
❺ 鹽水掛粉鳥笭拚輸贏

山海屯社會企業

臺南400山城交陪新鎮線風土文旅建構計畫

❶ 新化老街
❷ 左鎮老街

旅居號

見港・是港

❶ 國聖港燈塔
❷ 羽堤生態漁場
❸ 旅居日子ME Daily

天晴創藝／南方女子互助會

臺南「女子」（好）生活
ー地方實踐的女性現身與願景倡議計畫

❶ 許石音樂圖書館
❷ 新營社區大學

臺南市太平境文化教育協會

臺南400與世界交會的起頭

太平境馬雅各紀念教會

新樓醫院

一起臺南・世界交陪・開創西醫・全人關懷

新樓醫院

財團法人台灣基督長老教會宣教基金會

西方宗教教育特展

臺南神學院

磐果舞蹈劇場

《轉角二十年》

❶ 磐果舞蹈劇場
❷ 土庫土安宮

起參與。我相信這就是臺南眾神之都的多元與包容。

從觀光角度來看，當臺南的跨年走出地方特色，相信全世界的旅人都樂意共襄盛舉；讓這個原本屬於年輕人的節日，拓展到在地鄉親父老共同感受跨年的歡樂。

Q 有什麼印象深刻的小故事？

周榮棠：今年有一位八十多歲的奶奶很想敲鐘，但那間廟的鐘相當高，還得爬上立梯，對老人家相當危險，大家無不出聲勸阻。奶奶卻說：「一定要趁現在還能動，也算是此生成就。」堅持拄著拐杖爬上高梯，最後順利敲鐘祈福，那一幕很是感動。又比如東區的東門太保宮雖想響應活動卻沒有鐘，跋桮（pua'h-pue）的結果是神明說「不要去買，用借的就可以」。沒想到隔天廟邊的商家就回報鄉下有一口古鐘可以借廟方，簡直像天意或神蹟。

臺南市民宿文化發展協會

成立於二〇一二年，致力於讓民宿業者了解未來觀光地區的旅宿市場及相關權益，並希望透過敲鐘祈福活動吸引國內外觀光客來到臺南。

「鐘聲一響，眾生平安。
鐘聲再響，國泰民安。
鐘聲三響，風調雨順。」

臺南市民宿文化發展協會

敲鐘祈福 # 創造眾神之都的特色跨年

2024 敲鐘祈福｜2023.12.31｜
聚福宮、集福宮等臺南各區共 400 間廟宇與教（會）堂

「臺南市民宿文化發展協會」因經營民宿而接觸許多國外旅客、深耕在地文化，又因謝銘祐的一句歌詞「一個城市可以藏有多少夢？」而開始思考：身為一座擁有四百年以上歷史的眾神之都，臺南能不能走出自己的跨年？協會自二〇一九年起邀集地方宮廟組織跨年夜「敲鐘祈福」，連年愈發盛大。二〇二三年末，市民們舉起客製紀念鐘槌，在這個臺南自造的慶典中，共同敲響「臺南 400」序幕。

Q 最初為什麼會想舉辦「敲鐘祈福」？

蔡宗昇（臺南市民宿文化發展協會廳長）：有一次黑哥（謝銘祐）提出「將跨年晚會打散到社區，廟埕即舞臺」的想法，受此概念啟發，我們申請了二〇一九年臺南市政府新聞及國際關係處的臺南造夢計畫，以補助資金開始第一年的敲鐘祈福。當年只有集福宮、聚福宮及崇福宮這三間廟參與，而二〇二三年年底已成長到四〇四間。

Q 從二〇一九年舉辦到現在有何改變？

周榮棠（臺南市民宿文化發展協會理事長）：臺南是全臺灣登記最多合法宗教團體的城市，根據中西區區公所統計，一共有一千七百多處廟宇及教（會）堂。只要每一區有四分之一的宗教單位參與，不就聚集四百間的力量了嗎？沒想到在臺南四百的時間點真的做到了，不只道教、佛教，還有天主教、基督教，甚至西拉雅族的阿立祖都一

南更是製鞋重鎮，百分之七十的外銷鞋在臺南製作。透過臺南400的推廣，希望讓人們明白臺南有很好的製鞋技術和人才；而這個產業要延續，就得把年輕人找出來。

Q 活動期間印象深刻的事？

黃信暉（臺南市皮革製品商業同業公會常務理事）：我們思考的是——如何用簡單的零錢包呈現製鞋工藝基礎？最後決定採用兩片皮革組裝在一起縫製的形式，淺顯易懂。

希望學生以後看到鞋子側邊車縫線，會想到「我那時候做的零錢包縫線方式就是從這兒來的」。而在體驗結束後，居然有學生回饋「你們在做的事跟我家隔壁叔叔做的好像」，原來他的鄰居就是製鞋匠，可見臺南製鞋業已跟生活融合。

臺南市皮革製品商業同業公會

公會極力推動產業再生發展，跟隨時代脈動前進，努力推展臺灣製鞋，期待讓臺南市鞋業經營業務邁向國際化之路。

「鞋子有它可愛的一面，
縫進我們傳承的技藝。」

臺南市皮革製品商業同業公會

製鞋 # 腳底的故事 # 走進校園

臺南「製鞋技藝文化展演」暨校園文化傳承系列計畫｜2024｜大臺南地區八所在地國中小學

一雙手工鞋的製作流程有幾道工序？答案是：一〇九道。如此繁複的製鞋流程如今在臺南仍有製鞋師傅堅持，只不過如今老師傅逐漸凋零、技術斷層，傳承製鞋技藝愈發艱難。有鑑於此，「臺南市皮革製品商業同業公會」將觸角深入臺南各地校園，讓學生們體驗「手縫零錢包」，理解最基本的製鞋工藝，期待培養有朝一日能加入老行業的新血。

Q 當初為何創立皮革製品商業同業公會？

楊文雄（臺南市皮革製品商業同業公會二十二屆理事長）、黃永順（臺南市皮革製品商業同業公會二十一屆理事長）：公會於一九五三年創立，由皮革工廠、材料、五金配件、師傅和通路所組成，絕大部分是做皮鞋的。

當時都是純手工，很多人國小畢業就跑來當學徒，出師後順勢投入這一行，為了家庭一路戇戇（gōng-gōng）做下去。於是有些老前輩就想，要不要組公會幫助大家獲得更好的收入？這就是公會的由來。

Q 為什麼會想申請《400+》民間參與計畫？

楊文雄、黃永順：「臺南400」在談歷史，我們也想讓大家知道：臺南有製鞋業，這個產業也有歷史。臺灣製鞋業約從一九六〇年代蓬勃發展，八〇年代達到鼎盛，其中臺

是彌補消逝聲景的記錄方式，可以詢問鄰居或家中長輩對特定時空的記憶，在老屋內住戶的生活聲音也是具有時代意義的選擇。

自然環境音，往往與城市生活的空間、行為連動，是否對臺南有深層的意義，則需要更多歷史與時間的標記，例如土地銀行的燕子聲就和建築、歷史感很有連結。二〇二四年度的聲景百選徵件之目標，即是讓全民開啟聆聽的好奇，進而探討聲景在臺南城市存在的意義，跳脫聲音只有數值上變化的表層框架。

目目文創工作室

自二〇一三年起長期串連聲景與跨界整合設計，重視城市「聲音地景」和「歷史文化」的變遷與堆疊，並透過創意與設計重現原音（原始）的指標性意義。

「現在聆聽的聲音，
就是未來的歷史。」

目目文創工作室

聲景 # 音風景一百選 # 聲音行旅

臺南聲景百選｜2024｜大臺南地區聲音環境

目目文創開始蒐集「聲音地景」並建置資料庫的初衷是：透過聆聽，重新認識這座城市。源頭從二〇一五年的臺南巷弄開始聆聽探索，透過整合設計專業、調研漸漸累積不少成果；他們將這些聲音元素轉化為文創商品開發，連結資料庫進行整合、策展與服務體驗，帶領更多人以「聲音行旅」的方式走進巷弄、天臺與感官。這次，他們串聯不同場域與經驗交流，進一步向全民徵集屬於這座城市的「臺南聲景百選（The Soundscape100 in Tainan）」。

Q 舉辦「聲景百選」的初衷是？

楊欽榮（目目文創工作室設計總監）：我們希望「聲音」可以被務實地延伸應用。日本在一九九六年舉辦了「音景百選」，在全國徵選一百個聲音景點，既強調城市聲音的記憶與價值，後續亦可延伸運用於地方創生或觀光，作為感官行銷。

我們自二〇一五年起進行歷史街區與文化類型的聲音採集以來，累積了相當豐富的臺南聲音資料，希望可以運用過去的經驗建置聆聽分享平臺，透過活動遴選屬於臺南的聲景百選，讓全民都能共同參與進來。這恰好契合這次「400+」民間參與的核心理念。

Q 大家可以自行在家蒐集哪些類型的聲音？

楊欽榮：除了培養敏銳觀察與聆聽習慣之餘，口述歷史也

導團員。

盧俊逸：耆老覺得，若要讓電視播出，正確性很重要。而且能讓越來越多外面的人來看竹馬陣並產生認同，內部耆老們態度也有了轉變，認為可以進行新的傳承。

Q《轉角二十年》是一個怎樣的故事？

盧俊逸：它在談一位海外留學生因無法融入國外群體而鬱鬱，某天偶然間聽到熟悉的竹馬陣曲調，便決定回臺灣來一趟追尋竹馬陣的尋根之旅。所謂「轉角」，指的是主角轉換角色認同、自我蛻變，也代表傳統藝術及竹馬陣本身的轉捩點。這齣劇能為下一個世代留下什麼？文化必須是活的，不然就如同放在櫃子上一樣，只有在需要研究時拿出來翻翻看看，實際上卻沒有人會。因此我們決定和在地的磐果舞團合作，讓竹馬陣傳下去。

磐果舞蹈劇場

於臺南新營經營二十餘年的熱血舞團，致力於結合臺南的舞蹈藝術與在地文化，讓臺灣的舞蹈表演被國人及世界看見。

「戲劇尬陣頭，
誰說傳統不能當代？」

磐果舞蹈劇場

天下第一陣 # 當代舞 # 南管戲

《轉角二十年》｜2024.6.29｜臺南市新營文化中心

「磐果舞蹈劇場」最初為推廣舞蹈教育而於新營成立，隨後將目光轉向源自新營區土庫里土安宮、一向不外傳的南管陣頭技藝：竹馬陣。舞團於二〇一五年得到在地耆老首肯，多年來與竹馬陣傳人盧俊逸合作，將竹馬陣融入舞蹈表演中。本次透過「《400+》民間參與計畫」補助契機，舞團推出《轉角二十年》這齣以現代舞為基底結合傳統藝陣、木偶戲的跨劇種大作，集結土安宮竹馬陣及府城木偶劇團的力量，以臺灣本土文化和世界交陪。

Q 竹馬陣是什麼？

盧俊逸（竹馬陣執行長）：竹馬陣大約在清雍正年間落腳臺南土庫，以十二生肖扮演為特色，音樂基礎則是南管，舞蹈基礎為梨園戲、以踏搖方式演出，在其發展過程也吸收在地小戲的音樂與舞蹈。其具有宗教性質，結合傳統陰陽五行、天干地支等，是非常豐富的藝陣。

Q 為什麼舞團想學習竹馬陣？

趙芳燁（磐果舞蹈劇場總監）：我還在唸書時就曾看過竹馬陣，長大後才發現原來它的發源地就在我們隔壁。舞團有陣子時常出國演出，發現每個國家都有各自的舞蹈，磐果出去卻好像還是以中國的舞蹈為主。該如何找回我們自己？於是興起去學習土庫里竹馬陣、將之與舞蹈結合的念頭。一開始要取得耆老的信任與教學不太容易，直到二〇二〇年公共電視來採訪我們，耆老才第一次一對一教

Q 希望透過《400+》民間參與計畫達成什麼目標？

蘇莞婷：人、土地、產業是構成一個社區的基本要素。講到臺南，外地人都只知道舊城區，其實新化是臺灣糖業原鄉，一九〇三年因為全臺灣第一座水庫虎頭埤，新化有了糖業試作場；試作場帶來就業機會與技術人才，所以慢慢形成街廓，帶動產業經濟發展與交易買賣。

我深深感覺到，新化的故事足以呈現臺南這片土地承載的能量與厚度。我希望透過「風土餐桌」的方式，讓更多人看到新化或左鎮，舉凡葛鬱金一類西拉雅族的傳統作物，也把過往的生活感找回來。我認為傳承並不是依循常規，而是把根找回來。

山海屯社會企業

從事老屋創新活化、青年創育輔導、農產品展售與地方深度文化遊程推廣，希望使偏鄉地區擁有更多創意與創生的可能性。

「我其實覺得鄉下的東西更好。」

山海屯社會企業

地方創生 # 淺山 # 風土餐桌

臺南400山城交陪新鎮線風土文旅建構計畫｜2024｜新化、左鎮

以新化為基地的「山海屯」，始終思考著如何把臺南淺山地帶的物產、風土推銷出去，並且讓年輕一代願意留下來。這回，他們串聯起新化與左鎮，以觀光的視角推出風土餐桌、走讀小旅行與生活體驗等內容。希望透過點的創生，帶動線的串聯，進而推動整個新化以東至玉井之間的區域經濟發展，促成臺南淺山地帶的面的提升。

Q 為什麼創立「山海屯」？

蘇莞婷（山海屯社會企業執行長）：起初我們以「郡九街庄」作為品牌，透過做社區營造、活動舉辦，以及老屋修繕、成立「問路店」的方式述說在地故事、販售在地特產，希望找回南科發展以前新化的繁榮盛況。在文化保存與現實收益平衡，我們也一直致力於整合行銷，於是創立了「山海屯」，希望把臺灣的好人好事好物行銷推廣出去。

Q 過程中最困難的地方是什麼？

蘇莞婷：真要說困難，大概是理想跟現實間的落差。例如，我們期待風土餐桌可以讓年輕人返鄉投入產業，但有可能產業本身已經萎縮了？連通路都不見了，要再重新開始是條艱辛漫長的路。畢竟農業沒有產量、沒有規模，很難打入市場。

Q「見港・是港」系列活動包括哪些？

葉人豪：七股國聖港曾是西部重要商港，人們將船停泊此處，再轉搭小船沿四草溪入五條港，可惜後來國聖港因河砂淤積而消失，這段歷史便慢慢被淡忘。這次《400+》計畫，我們舉辦國聖港和竹筏港溪走讀，並搜集歷史與產業資料來策展，還舉辦里海單車遊，讓大家用慢旅行的方式深度認識七股。

楊典澔：除此之外，以前虱目魚養殖是一群人在深夜或清晨時到池子邊燈火通明地收成，所以我們也邀請大家來當「一夜漁夫」，親自下水、使用網子捕撈虱目魚。另外也開辦虱目魚分切體驗，讓參與者認識如何切下魚肚、魚的完整長相等，透過實際了解魚，更明白產業永續的價值。

旅居日子

旅居日子位於臺灣極西點，距離國聖燈塔不到一公里的羽堤生態漁場裡。在這裡我們提供有特色的海鮮輕食、清涼解渴的創意飲品。您可以駐足看看世界級的夕陽、蔚藍的臺灣海峽，細細品味專屬於七股的美好。

「保護心目中最後一片淨土。」

旅居號

島嶼極西點 # 食魚教育 # 里海生態

見港・是港｜2024.6～9｜臺南七股

「旅居號（旅居日子）」的執行總監葉人豪與妻子從市區搬至七股，開了海鮮輕食店「旅居日子ME Daily」經營與在地人的互動空間，也結識「羽堤生態漁場」創辦人楊典澔等當地夥伴。他們都熱愛七股的土地與人情，本次推出「見港・是港」系列活動，希望透過歷史，讓人們看見這裡過去曾有個國聖港；透過產業，認識到它現在是友善生態的魚塭；透過體驗，理解永續的策略，方能持續保護心愛家園。

Q 為何會在七股落地生根？

葉人豪（旅居號執行總監）：二〇一七年，我因擔任國中品德教育志工而到七股，發現此地學生的家庭支持較薄弱，想留下來陪伴他們，所以與太太一起移居七股。二〇二二年成立行號「旅居號」、品牌「旅居日子」，從YouTube頻道做起，紀錄我們的在地生活及七股的水產養殖業、生態環境等，兩年後設立實體門市以策展、推廣食魚教育。

楊典澔（羽堤生態漁場創辦人）：我來自北部，本身在做水產養殖，因緣際會發現七股的環境相當適合多角化經營，於是留下來創業。七股屬於較晚出現的海埔新生地，養殖密度較低且使用純海水，注重永續發展。對我而言，七股就像養殖業最後一塊淨土，我們想藉著生產安全的食物，扭轉很多人認為養殖漁業就等於污染產業的看法。

該」、「理所當然」的，忽視了她們複雜的工作面向與困境。平常我們都很關注第一線民眾的需求，現在是時候讓第二線工作者的需求也可以被看見。

Q「臺南『女子』（好）生活」計畫想做什麼？

曾靖雯：計畫分為三階段，第一階段舉辦兩場審議民主的討論工作坊，讓溪南、溪北的女性齊聚一堂，討論在地方工作時遇到哪些困難及如何對應。第二階段根據工作坊蒐集到的困難點和挑戰，邀請專家與實務工作者分享他們的建議、經驗。

廖于瑋：第三階段是以謝銘祐與透南風工作室共同發起為長輩而唱的「恁的演唱會」，這一場則特別專屬於女性，黑哥唱出女性在不同生命階段或歷史中的歌曲，也公開宣告這次計畫所累積的女性心聲。

天晴創藝／南方女子互助會

由曾靖雯、廖于瑋、陳棠逸、孫鈴音、嚴婉玲、洪榆橙、王嘉盈及姜玫如等八位長期耕耘臺南的女性好友共同發起，致力改善在地方實踐的女性的生活願景。

「讓每一位女性的聲音
都能被聽見。」

天晴創藝／南方女子互助會

女性發聲 # 培力 # 地方實踐

臺南「女子」（好）生活－地方實踐的女性現身與願景倡議計畫｜2024.6～10｜大臺南區域

二〇二三年，八位長期深耕於南部各領域的女子組成「南方女子互助會」，她們有的出身於社區營造、有的致力民眾劇場，或身在公民組織、經營地方文創與設計，不變的是關心性別與在地生活的一顆心。本次《400+》，她們提出「臺南『女子』（好）生活」計畫，舉辦審議民主工作坊、實踐論壇與為女性而辦的演唱會等，希望召喚更多女性地方工作者現身交流、分享，也鼓勵更多女性力量投入公共事務。

Q 南方女子互助會團隊是如何誕生的？

廖于瑋（計畫統籌）：我們約莫在二〇二三年上半年成立，但起初出發點與投計畫無關，只是想和其他女性地方工作者聚一聚。像我自己的工作是社造、設計與編輯等，接觸到的工作夥伴多是女性，常常聊一聊便發現大家的困境很相似，無論在工作或自身經驗往往面對較多社會價值和外界期望的框架與壓力。一開始想做的事很簡單，就是創造一個有安全感與支持力的環境，讓大家可以聚在一起分享彼此的經驗和資源。後來才進一步認為這個組織的影響力可以從私領域跨到公領域，把關懷彼此的效益及能量推及更多女性。

Q 希望透過參與《400＋》民間參與計畫達到什麼目的？

曾靖雯（計畫負責人）：我們想讓大眾看見女性工作者的需求。大家時常視女性工作者在地方組織裡的工作為「應

請退到有英國領事保護的打狗，這是本會第一次遷徙，也是旗後教會時代的開始。後來，馬醫師前往旗後（今旗津）建立教會、醫院，成立傳道師養成班，而後前往埤頭（今鳳山）宣教，又經必麒麟先生的引領前往內門、木柵、甲仙與左鎮等平埔族群活動區域宣教，並建立了人稱的山崗教會。四百年來，我們一直不斷與不同族群對話，這是荷蘭時代以來福音的傳統，至今亦然。

Q 在「臺南400」期間安排了哪些活動？

本次的規劃有展覽、尋根與歷史走讀三類活動。尋根的參與者，將追隨馬雅各醫生當時的宣教路線，造訪永興教會、木柵教會，以及左鎮和崗仔林等地。歷史走讀則會踏查教會相關地點，包括馬雅各展開活動的新樓醫院、臺南神學院、看西街，以及臺灣第一個基督教傳教地點赤崁樓等地。

臺南市太平境文化教育協會

太平境文化教育協會成立於二〇二〇年九月，設立於太平境教會內。主要的目的是追隨宣教師馬雅各醫生的腳蹤，對社會的關懷與分享宣教師對臺灣的愛及臺灣教會歷史、西方教育與基督宗教對臺灣社會的影響。

「臺南的醫療、
教育發展、福音傳播，
與臺南四百年息息相關。」

臺南市太平境
文化教育協會

傳教士 # 長老教會 # 對話

臺南400與世界交會的起頭｜2024｜太平境教會

太平境教會最初位於今看西街教會外（仁愛街四十三號），後經過五處三遷的歷程移至現址，在日治時期有不少府城本地的臺灣文化協會重要成員都是太平境教會教友。作為臺灣現存最古老的教會組織，本次「《400+》民間參與計畫」，嘗試透過宣教師的故事，帶領民眾踏尋的蹤跡與信仰歷程，看見臺南這四百年來遭遇世界的多元與共融。

Q 太平境教會有段什麼樣的歷史？

臺南舊城區重要的河川枋溪流經太平境教會舊堂正門（一九〇二至一九五三），最後注入德慶溪。因水流變慢，上游漂流而下的垃圾及動物屍體堆積在轉彎處，「不清氣」的觀感使人恐懼，於是取名「太平」來化解。清末興起「府城聯境」組織民防，遂有「太平境」之名。太平境教會的創立者馬雅各醫生將西醫引入臺灣，先後又有李庥、巴克禮兩位牧師協助傳教，巴克禮牧師任職於太平境教會期間，他的太太每週二晚上都特別為了無法參加週日禮拜的婦女、弱勢群體和低層勞工，在今東門教堂舉辦禮拜，而李庥牧師則致力於推動女子教育。

Q 太平境教會之於臺灣史的意義是什麼？

馬雅各醫生來到府城之初因以西式治病得到許多病患首肯，但那時民情風俗非常保守，他很快受到壓迫，被清軍

有特殊部門——院牧部，由牧師和關懷師組成，目的在於透過信仰提供員工及病人、家屬心靈上的支持及靈性關懷。每週二和週五會到門診佈道，透過唱詩歌、分享見證，為病人及家屬祈禱祝福，在手術前提供他們精神支持。

如果醫院員工在工作或生活中遇上壓力，關懷師可提供一對一疏導。醫院的關懷師與牧師都接受過CPE臨床教牧關懷訓練（Clinical Pastoral Education），可在醫療行為之外，讓病人與員工得到心靈上的幫助。

新樓醫院

一百六十年前馬雅各醫師以醫療、傳道為使命，建立臺灣第一家西醫：新樓醫院。用服侍（Service）、愛心（Love）、盼望（Hope）成為身、心、靈全人關懷的醫院。

「西醫，曾讓臺灣與世界接軌。」

新樓醫院

西醫院 # 馬雅各 # 今昔醫療

一起臺南・世界交陪・開創西醫・全人關懷｜2024｜新樓醫院

蘇格蘭醫生、傳教士馬雅各在臺南創立了新樓醫院的前身，為臺灣第一間西醫院所；而今，新樓醫院向大家重新介紹這位為臺灣奉獻的醫師，以及醫院的文化及歷史。在醫院大廳展示五十幅掛圖、兩百多幀歷史照片訴說西醫院所源流，復刻臺灣第一臺醫院裡的手動升降機模型、製作月曆手札，並舉辦「馬雅各醫師尋根之旅」走讀，也進到醫療資源缺乏的地區進行義診服務。

Q 新樓醫院的歷史是？

新樓醫院由馬雅各在一八六五年建立，馬雅各是蘇格蘭醫師，雖已得到愛丁堡大學醫學博士學位，仍受上帝呼召成為宣教士來臺從事醫療傳教。有個小軼事是：他在來臺前已有未婚妻，為了表達思念而剪下一撮頭髮留給她，這撮頭髮至今仍保存在我們新樓醫院的馬雅各醫學紀念館。

一八六五年，馬雅各在臺南的看西街（今仁愛街）創立臺灣第一間西醫院所：看西街醫館。而後經歷種種與在地人的誤解紛爭，最後於一九〇〇年將醫院遷到現址，並引進對時人而言很先進的手動升降機，用以將病人從一樓運送到二樓獨立的空間進行手術。

Q 與其他非基督教醫院相比，新樓醫院有何特色？

我們的特色在於希望維護大家的身、心、靈健康，因此設

Q 宗教教育特展包括哪些內容？

盧啟明：顧名思義以教育為主軸，涵蓋從十七世紀至二十世紀中葉的歷史，會介紹臺南神學院的緣起，結合剛剛修復完成的古蹟園區，並帶大家看到宗教教育如何和一般教育結合，如長榮中學最初雖是牧師先修班，但後來也教授天文、地理與算數，成為一般教育的一部分。

此外，我們也特別關注社會教育和特殊教育的重要性，如盲人教育、聽障教育與女子教育，最後帶到當前教會關心的「整全宣教」，例如新移民、松年關顧及福音運動等，這些都是必須以教育理念帶動新的思考。

財團法人台灣基督長老教會宣教基金會

組織中的台灣基督長老教會歷史檔案館負責保存台灣基督長老教會制度沿革、各地教會發展記錄之相關文物，以傳承宣教經驗、見證恩典。

「自荷蘭時代以來，這座城市便是宗教與商業的交會點。」

財團法人台灣基督長老教會宣教基金會

西方宗教 # 世界的足跡 # 教育

西方宗教教育特展｜2024.8｜臺南神學院甘為霖館（舊圖書館）

當四百年前荷蘭人來到臺灣，基督新教隨之傳入平埔族，發展出以羅馬字拼讀西拉雅族族語的新港文書；又過了兩百年，英格蘭長老教會來到府城宣教，傳道養成班、大學（Capital College）、中學、特教及報刊陸續創立。本次財團法人台灣基督長老教會宣教基金會舉辦「時雨落下 福如甘霖——《臺南400+》西方宗教教育特展」，以開拓、培育與傳承這三大主軸，來呈現教會與臺灣社會間緊密相連的過去、現在與未來。

Q 宣教基金會是怎樣的組織？

盧啟明（歷史檔案館主任）：我們隸屬於臺灣基督長老教會總會，宗教源流來自約翰・加爾文（法語 Jean Chauvin，英語 John Calvin）在歐陸創立的基督教改革宗（Reformed Church），後來他的學生把改革思想傳到英國和荷蘭等地，又隨著十七世紀荷蘭的殖民與商業勢力擴展至世界各處，也包括臺灣。

不過，當時宗教與商業結合，牧師同時也是東印度公司的成員，既負責傳教又負責收稅，推廣宗教的同時也引發族群紛爭。因此，我們認為荷蘭時代是值得借鑒的前史，希望盡可能避免權力與利益糾葛，專注於教育、醫療和社會服務。

舞蹈

•••

《天光前：林氏好的離別詩》城市聲景舞蹈劇場演出計畫

發起人｜雞屎藤舞蹈劇場

活動時間｜2024.11.23～11.24

活動地點｜ 全美戲院

擅長將臺灣文學、傳統藝術轉化為劇場，並多次以臺南文史故事為創作題材的「雞屎藤舞蹈劇場」，這次以國立臺灣文學館收藏的第一手文獻及陳耀昌的小說《島之曦》為創作素材，再現臺灣第一位女高音林氏好與文化運動青年盧丙丁的人生道途。透過舞蹈以及「文化聲景」的角度，帶領觀眾回看／聽見日治時期的歌聲與時代革命聲響，延續臺南城市的文化精神。

電影放映

•••

2024臺南映演節

發起人｜臺南市電影戲劇商業同業公會

活動時間｜2024.8.24～10.13

活動地點｜後壁、尊王公壇、全美戲院、臺南敦煌書局

匯集經典國片影展、電影里走讀與400好書選座談的第一屆臺南映演節於「臺南400」這一年款款登場，活動由已有八十年歷史，旨在促進在地映演產業、推廣國內外電影的臺南市電影戲劇商業同業公會推動。映演節串連了臺灣南方影像學會、全美戲院與南台戲院等，邀請大家邊看、邊走、邊想，重新建立屬於臺南的視覺現代性，也重塑老戲院「電影里」的榮光。特別的是，這次映演節從室內移至露天、從市區來到溪北區，在廟埕前播放臺語片《回來安平港》、到後壁菁寮放映紀錄片《無米樂》，召喚大家的露天電影院集體記憶。

更多參與《400+》計畫的團隊身影

遊行、舞蹈演出、電影放映、產學合作，還有許許多多響應「臺南 400」的有趣計畫，由這群默默耕耘地方的人戮力完成……

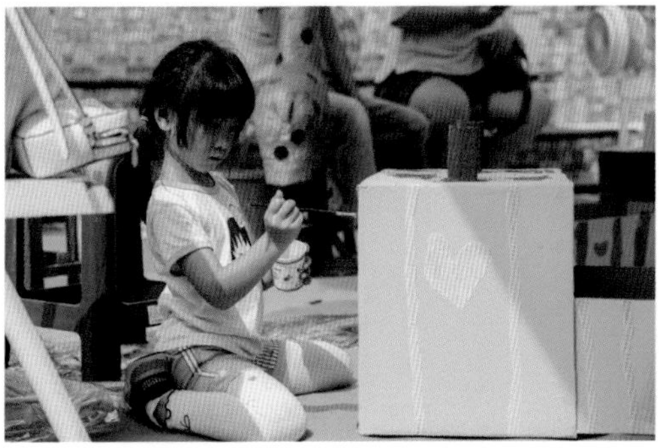

遊行

•••

府城香蜈蚣陣毛毛蟲大遊行

發起人｜三實人創作有限公司
活動時間｜2024.3.30
活動地點｜西竹圍之丘文創園區

三實人創作有限公司以「沒有名字的繪本」進駐西竹圍之丘文創園區，鼓勵在地居民創作屬於自己的故事，為家庭生活注入有趣的文化和體驗。今年搭配「臺南400」的傳統與展望並進，他們萃取臺南廟宇文化中重要的「蜈蚣陣」元素，轉化為親子特色活動，邀請二十一位小朋友帶著親手彩繪的毛毛蟲紙箱上街，以藝術創作組成一隻巨大毛毛蟲，重新演繹蜈蚣陣的精神。當天除了遊行以外，還有「小畫家似顏繪」與「小畫家小老闆市集」，以孩子的眼光為主體，吸引更多人關注和認識臺南。

工作坊

•••

尋找臺南藍染工作坊

發起人｜庄腳女紅工作室
活動時間｜2024.8.17～8.18、8.24～8.25
活動地點｜後壁菁寮、七股

「庄腳女紅工作室」顧名思義為「在庄腳做女紅」，關注友善環境的生活方式，好奇在化學染料還沒發明時：臺南人都穿什麼？「藍染」是他們找到的答案之一。臺灣適合藍染植物生長，臺南更曾為木藍染料集散地，後壁菁寮舊時以種植藍草小菁為名，府城永樂街一度染房林立。為了重新以當代視角思考臺南的樣貌、並透過天然染布的方式呈現，庄腳女紅舉辦了為期四天的藍染工作坊，頭兩天初階課程介紹藍染在臺灣的歷史、實際操作藍染傳統技法，後兩天進階課程邀請學員思考自己心目中的臺南意象並實作。學員作品於同年九月在臺南佳里展出，虱目魚、黑面琵鷺、荷花與窗花……，大家皆找到獨一無二的臺南紋樣，以及對臺南的認同感。

產學合作

•••

臺南400好南進行事

發起人｜財團法人臺南企業文化藝術基金會
活動時間｜2024
活動地點｜大臺南地區

這是聚焦於下一個一百年的永續教育，展開的一場關於永續交陪的好南行動。承繼這座城市獨特的文化底蘊，融入SDGs永續發展目標和零碳生活轉型的永續培力，以「好南進行事──為臺南永續教育做一件事」為號召，連結十七個合作企業與大學，培訓跨校跨系六十位大學生，學習永續專案管理與DFC學習法，最後引導陪伴六十六位小南人（國小三至四年級），經歷感受、想像、實踐三階段，走入真實場域、面對真實議題，找到真正的問題痛點，設計出一個可行的解方，如走入臺南十大廟宇收集香灰及都市採礦，學習開模與化學配比，揉合虎爺信仰製成全循環零廢棄文創商品。

市集

•••

海安街道美術館特展府城上河圖

發起人｜臺南市海安觀光商圈發展協會
活動時間｜2024.4
活動地點｜臺南中西區海安路

前身是府城最繁華的五條港，近年則成為臺南最熱門的觀光地點。之所以得以吸引民眾與觀光客紛至沓來的幕後推手，是臺南市海安觀光商圈發展協會。繼各式節慶活動與策展之後，他們嘗試進一步將這條街市包裝成臺南版的「府城上河圖」，結合台灣燈會的海安街道美術館搖身一變成為清代集市風格的府城上河圖小市集，再串聯商家響應五條港的文史重塑與導覽，在歷史的肌理中增添當下的時代風貌。

鄉土教育

•••

超時光之門洲仔尾大冒險巡迴展

發起人｜誠美社會企業

活動時間｜2024.4～12

活動地點｜臺南永康三村國小、鹽行國中、洲仔尾保寧宮

誠美社會企業長期關注臺南城區發展與街區意識，為響應二〇二四年「臺南400」的號召，嘗試由「邊陲之眼望向府城」，聚焦在過去曾是臺江內海沿岸村落的「洲仔尾」。透過進入校園與學生們的互動和導讀，以及在廟埕前的公眾講壇，讓民眾回望洲仔尾的歷史現場，從鹽田到糖廠，從鄭荷海戰到永康機場，再從過去臺江邊上的村落到今日的永康鹽行。以此輔助地方中小學的文史教育，建立起地方文史知識的傳承系統，透過對過去的理解，進而找到迎向未來的自信。

工作坊、展演、展覽

•••

鼓動臺南・龍躍世界

發起人｜臺南市鼓樂協會

活動時間｜2024.4.2～4.28

活動地點｜安平天后宮、安平古堡、媽祖學院、安平老街

臺南擁有富饒的鼓樂文化，以鼓術為特色的國中小學及民間鼓團數量密度為全臺最高，「臺南市鼓樂協會」則以發揚及研究鼓樂為己任，趁著「臺南400」這一里程碑，將臺南鼓樂藝術推向「全民鼓術運動」領域。除了舉辦鼓術工作坊、全民鼓術運動嘉年華會和世界樂器鼓樂文化展覽外，臺南400鼓樂文化展演更集結崇和國小太鼓隊、鳳天神鼓、菜寮朝安宮龍之鼓太鼓團、臺灣實境角色扮演聯盟等諸多在地學校、團體與社區參與者組成四百人的擊鼓團，於安平古堡前起鼓表演，鼓聲在古城中激昂作響。

展覽

•••

街拍府城——藝術家的路上觀察學

發起人｜王振愷（獨立策展人／作家）
活動時間｜2024.10.5～10.30
活動地點｜海馬迴光畫廊

臺南在四百年的歷史長河中留下了許多影像紀錄，那麼現在的我們該如何捕捉臺南當下的城市樣貌？王振愷長期研究與書寫南方的藝文、電影及當代藝術議題，本次邀請多組視覺藝術家參展，擔任城市漫遊者的角色，將街頭攝影與路上觀察學結合，透過攝影、藝術行動及影像裝置等不同媒介，為大家創造重新觀看臺南的路徑，嘗試捕捉那些稍縱即逝的臺南片刻。

展覽

•••

入臺南——「茄苳入石柳」與臺南400展

發起人｜劉進文木雕工作室、綵綬有限公司
活動時間｜2024
活動地點｜吳園藝文中心、麻豆總爺藝文中心

用臺南百年工藝「茄苳入石柳」，講一個「入臺南」四百年的故事。「茄苳入石柳」是臺南百年工藝中的一種異木鑲嵌的木雕工藝，淺色石柳木鑲入深色茄苳木之後，呈現出強烈的黑白對比，形成獨具美感的藝術品。然而此過程並不簡單，需要經過十多道工藝的刀切斧鑿與反覆錘打，才能成就一件「茄苳入石柳」作品。四百年來，臺南的異文化碰撞也充滿了衝突與融合，這些「鑲入者」與臺南的歷史、文化緊密交織，如同「茄苳入石柳」，形成了如今的「臺南」這一獨特的藝術品。也想感謝四百年來不斷包融這些「鑲入者」的臺南，她的付出與失去、美麗與值得驕傲的理由。

CLASS SIX

& COMMUNITY

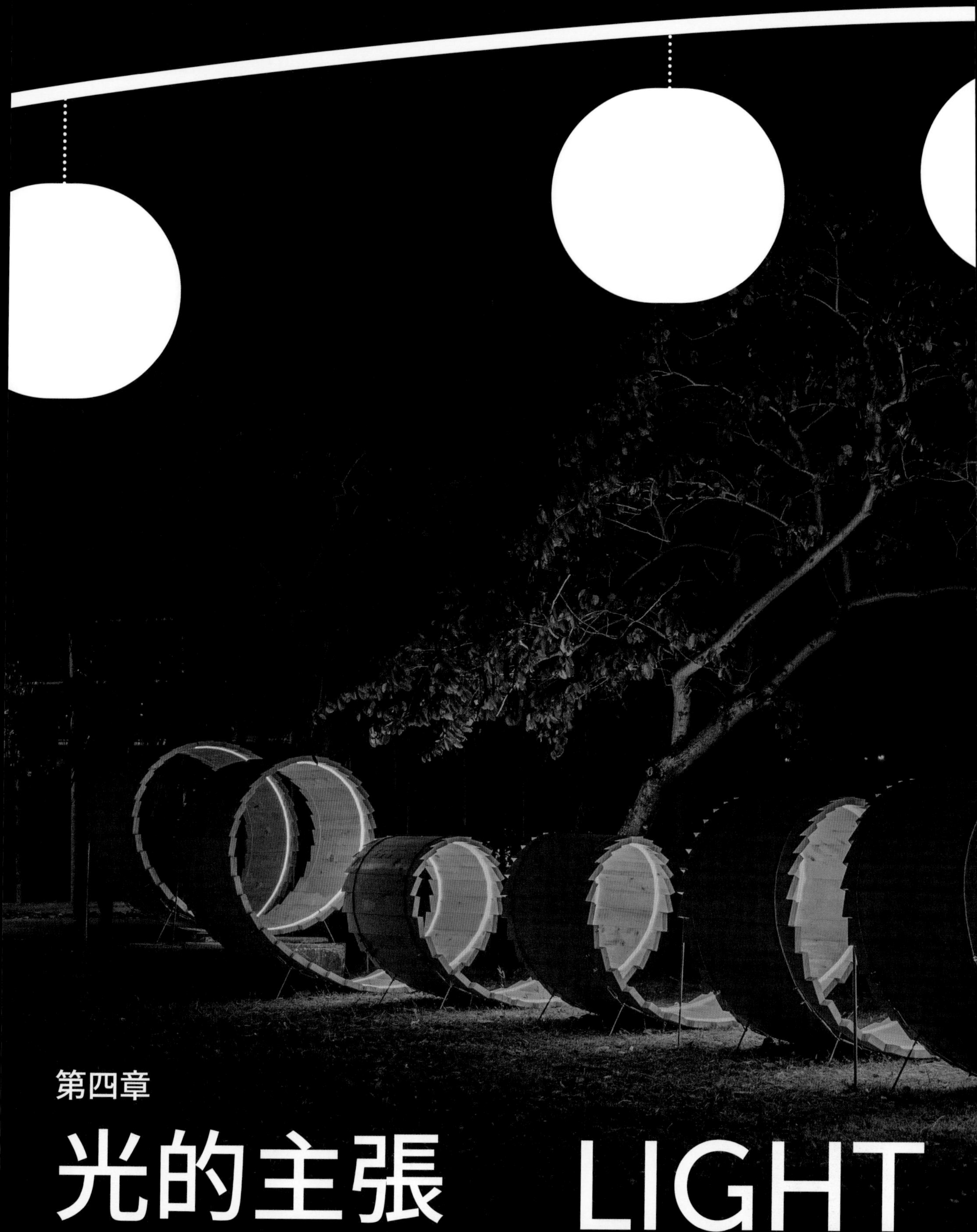

第四章

光的主張 LIGHT

光能照亮什麼？

當日光隱去、夜幕降臨，柔和光柱與樹影交織舞動的黃暈灑落孔廟紅牆，預示著夜的府城才正要甦醒。同一時間，在大臺南的淺山、濱海與市郊，龍崎空山祭、鹽水月津港燈節和新營波光節輪番登場，款款點亮通往地方的路途。這些年，臺南戮力打造多樣化的燈節品牌，對古蹟與街區的光環境營造也投注諸多心力。究竟在文化局長謝仕淵眼中，以「光」來思考臺南的意義何在，光如何和這座城市建立關係？

謝仕淵

一位總是心心念念共筆與共作的博物館人，在城市的文化治理中發揮策展精神。

撐開更大的世界和更長的時間。」

文字｜廖貽柔　攝影｜王人傑

謝仕淵：「以光領路，

新的時間與新的空間，最終要召喚的是對於場域的新理解。

「對一個一年中有半年超過三十度的地區來說，如果在入夜後仍能讓大家和這座城市靠得更近，那不是很棒的一件事嗎？」光的經營並非一朝一夕，自前文化局長葉澤山在任時便醞釀多年，對於「光能做到什麼」的想像也在實踐中逐步清晰。因此，謝仕淵毫不猶豫地答出他認為光所能創造的三件新事物——新的時間、新的空間，以及新的氛圍。

所謂「新的時間」，指的是人們得以拉長和這座城市相處的時光，好比營造光環境，使赤崁樓一帶即便到了晚上八、九點仍讓人覺得舒適與安全。光如是締造夜間人與城市的新關係，同步創造出時間。過去，安平古堡這類古蹟在夜晚容易給人幽暗不安全的印象，但在光的介入之下，如今開始有遊客在晚上造訪這些場所，這便是「新的空間」。

光，擁有扭轉氣氛的力量

新的時間與新的空間，最終要召喚對於場域的新理解。在解釋何謂新的氛圍之前，謝仕淵先提及光環境實作的不易：「光與打光對象間的關係就

孔廟周邊的光環境營造（攝影／楊士宏）

像一篇文本，這是個從『科學』到『詮釋』的議題。」

設計師得明瞭光的照度對建築牆面有何影響，好比塗布古早紅漆的建築外牆，會不會因打光褪色？絕不能對古蹟造成不可逆的改變，是他們考量的首要前提。再來，由於是刻意在黑夜裡點亮光線，必當選擇節能、環保的燈具。在這之後，才思考光的顏色與作用，如何和建築互動、能營造出怎樣的氛圍。「比如我們要的是寧靜的孔廟，還是孔廟在日正當中舉行儀式時的氣氛？這都可以靠光的強度與角度調整。」

謝仕淵分享了一個當初打造風神廟、孔廟周遭歷史街區光環境的小故事：剛開始，對於「光的亮度」，設計團隊和居民討論許久。「里長反應，好不容易要重新整理街區，為什麼還這麼暗？應該打很亮的白光，大家騎車才安全！事實上，武廟和孔廟的大紅牆，晚上只要打一點黃光下去，它們的紅就會與白天的紅大不相同，靜謐又不突兀。」透過不斷溝通，團隊最後和市民取得共識，居民也認同運用「減法」的設計意義所在。

「無論是大尺度的建築或小尺度的物件，光就是在創造人與觀看對象間的新氛圍，讓人能用不一樣的眼光去理解事物。」擁有博物館策展經驗的謝仕淵，對此有切身感觸。

光，創造與環境和地方的互動

若說城區的光環境營造著重人與人造物間的連結，那麼這幾年臺南推動的各式燈會及燈節，則關注另一項課題：光和自然環境的關係。

「光的介入多少會改變自然的節奏，如空山祭和月津港燈節。」正因有此意識，空山祭團隊選擇貼近環境與土地的詮釋策略，一半以上的燈照僅是為了讓來訪者走路不跌跤。許多光源都貼著地面打，並調低光度和彩度，取代照度影響層面廣，為了

1

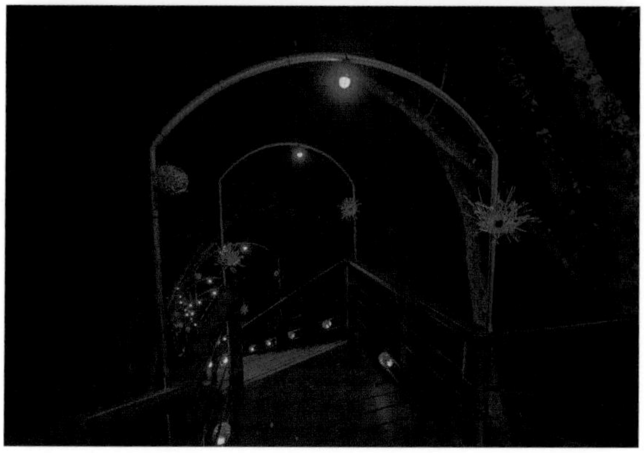
2

[1] 2024空山祭中施佳岑和龍崎國中、龍崎國小、關廟國小共作的〈液流〉。

[2] 2024空山祭蔡惠婷、艸非火的〈由光至暗〉，與龍崎在地的竹藝師和百竹園合作，讓長者投入竹編，重拾逐漸消失的竹藝。

[3] 二〇二四年禹禹藝術工作室與居民、月港廣濟宮（王爺廟）合作的「點亮・愛呀」作品，以王爺廟所庇佑的王爺廟巷為範圍吊掛起燈籠，保佑境內平安。

讓周遭徹底明亮的那種光。箇中目的無非是為了降低對自然環境的影響，也引領大眾將目光聚焦於龍崎惡地。「以光節而言，重點在於美學運用，想讓光與環境形成什麼樣的關係？」

除了重視光和環境的互動，在地光節往往也和地方密不可分。以月津港燈節為例，王爺廟巷弄燈區的燈籠作品為市民與藝術家共作，團隊可能花上一整年時間和當地長者一同規劃與創作，「絕對沒辦法用今年八月政府發標案、十二月就請廠商做一個燈節出來的形式操作。」需要經年累月的積累，透過長年安置在地方上的社區營造系統才能如此施作。月津港燈節的成功吸引了一批有理想的年輕人回到鹽水，他們懷抱初衷與理念而來、想延續地方文化，較容易參與進原有的社造系統；當藝術家身兼做社造的人，也就能以燈節經營在地的共筆精神。

「社會深耕的機制越長越好，作品也會更加健康、多元豐富，在行銷上自然更好推廣。而行銷做得好、人潮就會增加；人潮增加便能兌現為消

3

費回饋當地，這是屬於地方燈節的正向循環。」

光的主張，開啟策展城市的新想像

當然，最理想的燈節效應，是即便在沒有舉辦燈節時，燈節所累積的能量也能成為經營地方文化的養分。雖然新興燈節不少，但仍有蘊含歷史傳統、從在地脈絡中脫胎而生的燈節，那便是府城的普濟燈會。

「我非常喜歡普濟燈會，每年都有很多當地民眾參與，它奠基於民間自發的成熟機制，很貼近臺南淵遠流長的燈節傳統。」當在地運作的系統茁壯紮實，公民透過各種方式普遍參與文化活動，那便從欣賞者躍升為行動者，這樣的社會支持系統能讓人長出力量，也是燈節得以永續的重要關鍵。

到頭來，光究竟可以做到什麼？

「我的本職是博物館工作，研究新媒介怎麼與常民的生活場域相處、如何透過新媒介談出歷史文化的新面向，這是我感興趣的。」若將整個城市視為一座博物館，建築古蹟如同展件，不同地域為一個個展間，那麼答案昭然若揭——光本身即為一種現代的新媒介與新手法，它改變人們觀看週遭事物的視角，也開啟人與建築、土地、生態和社區的種種對話。

或許，得以想像更遼闊的世界、更悠遠的時間與更新穎的互動關係，那便是光帶給我們的魔法。

希望在沒有舉辦燈節時，燈節所累積的能量也能成為經營地方文化的養分。

普濟殿一帶的普濟燈會每年吸納眾多在地居民協力參與、彩繪燈籠。（圖片提供／普濟文史研究協會）

Q&A

文化局長的快問快答

Q　一句話形容「臺南400」？

A 超難的！我個人的小小希望是，「臺南400」可以盡可能使市民參與其中，自發性地參與、創造文化意義，而不是走馬看花地觀賞。這也是我們特別花一年的時間去策畫、呈現這場大型活動的目標。

Q　哪棟古蹟打燈後最讓人震撼，和白天看完全不一樣？

A 絕對是安平古堡（笑）。白天時大家都習慣往上爬、去看一九七〇年代改建自日本時代瞭望塔的高樓，但那幢塔樓和熱蘭遮城原本的脈絡完全無關。真正有關的是一道不起眼卻有將近四百年歷史的城牆。

「打光」的意義在於選擇凸顯的重點，於是我們讓那面牆成為夜晚的主角。這就是光的魔力。我極度推薦晚上去看那面牆！在光的介入、明暗對比之下，你會感到距離臺南的過去前所未有地近。

Q 最印象深刻的燈節作品？

A 一個是今年台灣燈會高鐵燈區〈靈動的目光〉光雕展演，另一個是月津港燈節「有用主張」的作品〈彼端〉。

第一次看到〈靈動的目光〉時我很是震撼，一個四、五百人參與的作品，原來可以這樣被組織起來！老實說，那天第二次播放時，我一直看著也在現場的潘岳雄這些大師級藝師們。當他們看到自己的作品，被以這種全新的形式呈現——過於專注的目光彷彿在說：哇！竟然還能有這種可能。而〈彼端〉的鑰匙孔裝置讓人深刻感受到映照在湖面的光影，它不僅僅產生美的效果，更彷彿能讓觀者透過這件作品看見一個個故事。

& 沙崙 Sua-lūn

奇 Liông-kiā

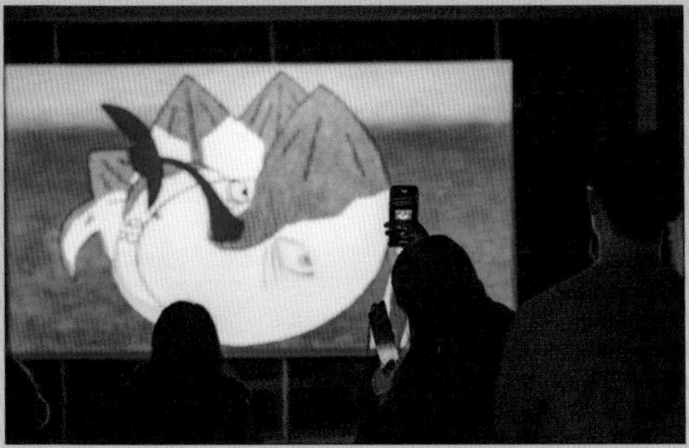

X

í

X 新營波光節

普濟燈會 at 普濟殿 Phóo-

區光環境 at 中西區 Tiong

在臺南看見光

文字｜曾怡陵

大臺南各地的光節與光環境營造，打亮了地方的古典與現代、自然與人文。從老字號到最新的在地光節，以及歷史街區光環境的打造，藉由策展人之口看見背後設計思維的多元面貌，也看見——光如何陪伴地方成長，照亮過去的足跡，並持續累積滾動未來的能量。

台灣燈會 at 安平 An-pînc

X 空山祭 a

月津港燈節 at 鹽水 Kiâm-

at 新營 Sin-iânn

tsè-tiān

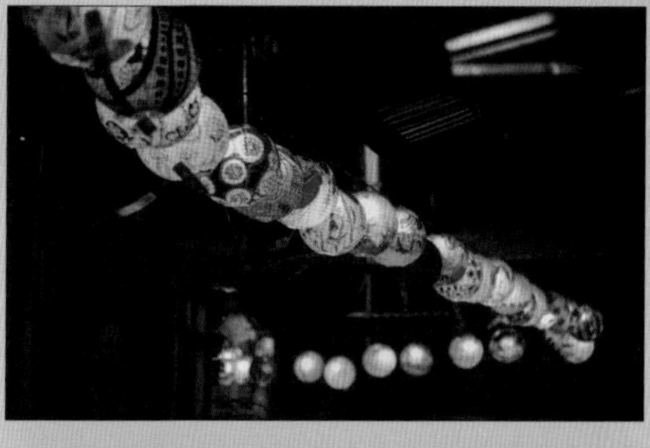

X 歷史

-se-khu

睽違十六年，台灣燈會終於在二〇二四年重返臺南，規劃「安平燈區」、「高鐵燈區」二大燈區，透過傳統與當代的對話，展現臺南豐沛的文化底蘊。安平燈區有「臺南400」與「河光往事」二區，融合不同族群的藝術創作，運用環境藝術、現代科技等手法，演繹四百年來的歷史積累和文化包容性。而「高鐵燈區」則結合綠能等科技力，呈現臺南的歷史變遷、古老與創新，〈靈動的目光〉建築光雕為其中代表作品。

——藝術總監陳怡潔真心話

Q〈靈動的目光〉作為高鐵燈區極富指標性的光雕作品，它的靈感來源與設計理念是什麼呢？

A 臺南是眾神之都，廟宇文化保存得細膩完整，會在廟裡看到有人練南管。但同時，臺南也是年輕人探索、生活和玩耍的地方，文創店、酒吧非常多，所以我們決定說一個既古典又可以看到當代潮流趨勢的臺南故事。

另外，鄰近高鐵的大臺南會展中心的鯨魚腹造型對我們來說像是眼睛，透視眾神之都到當代生活，跟我們的命題滿吻合的。

Q 如何與音樂總監王希文合作，本次作品在聲音、音樂呈現上特色為何？

A 希文本身是瘋戲樂的音樂總監，所以對音樂劇的表現很有經驗，我們因此發現光雕演出裡很適合加入音樂劇的元素，用旁白、歌唱及音樂去豐富不同的橋段。

搖滾頑童朱頭皮是「眾神之都」故事很重要的引言人，他本身說書的能力很強。為了展現臺南古典的面向，我們除了使用南管音樂，也找到珍貴的西拉雅古調。在當代部分，邀請饒舌教父大支和音樂家李竺芯演繹。希文也將各種族語編成曲，請歌手米莎演唱，表現多元族群的共融性。我們還請臺南藝術大學應用音樂學系的師生採集臺南環境的聲音，融入音樂創作中。

受訪者 —— Interviewee

林鴻文

2024 台灣燈會安平燈區藝術燈區策展人，於臺南應用科大學美術系、臺南藝術大學建築藝術研究所授課，專職環境藝術、鐵雕、抽象畫等創作。

陳怡潔

2024 台灣燈會高鐵燈區〈靈動的目光〉建築光雕作品藝術總監，國立臺南藝術大學藝術創作理論博士。曾參與世大運開幕典禮影像設計、國慶總統府光雕展演等重要製作。

Q 和臺南在地小學生徵件也是這次作品的一大特色，團隊如何與國小生合作？

A 作品中最後一段是展翅而飛的鳳凰，帶有飛向未來的意象。由於小朋友是未來的希望，我們邀請他們為此段動畫著色，共有八所學校參與。有些小朋友願意細膩地刻畫，也有些小朋友想化繁為簡，用單一顏色全部塗滿，我們不會強迫大家照顧到每個細節，接受每個人多元的面貌。

Q 本次創作過程中讓人感動的一件事？

A 首先，通常製作前期跟後期的團隊不一定會一起工作，但這次好幾次的田調都是大家一同參與的。另外，我們在現場看到很多民眾都講得出每一隻神獸的名字，我覺得臺灣人的優點是對外來文化接受度高，隱憂是我們不一定很堅持自己的東西，但臺南人相對堅持展現高度的文化自信。而且因為我們團隊百分之九十都是臺南人，民眾看到那些藝術家創作的街景，會說「啊，這是臺南人才知道的地點」。

臺南從傳統到當代的脈絡銜接得很好，民間、學者、公部門緊密串連，這大概也是為什麼當地文化藝術活動可以做得這麼好。

台灣燈會

光與環境跳支舞

——策展人林鴻文真心話

Q 十七年前主責台灣燈會藝術燈區，如今再次負責今年的安平燈區藝術燈區，有哪些新挑戰？

A 十七年前在林默娘公園的藝術燈區大概只有一百公尺長，今年的範圍擴大到八、九百公尺，要選出足量、合適的藝術家，會比較有挑戰性。由於很多燈會都是煙火式的，主辦單位就詢問我能不能將作品留下來。但要做到這一點，現有製作經費相對拮据許多；我邀請的藝術家都很有義氣和理想，有些人卯起來做，創作費用老實說都達到公共藝術的等級了。

Q 藝術家如何以環境藝術的方式，讓作品和當地環境互動？

A 十七年前公園的植栽到現在已成為樹林或高大的獨立樹，我們依據樹型、樹色、草皮和水岸等環境條件來挑選合適的藝術家。例如像叢林的橡膠樹林，我就挑風格勇猛的黃志偉，用創作跟樹林對話。安平運河邊有很多養牡蠣的竹棚架，我也請游云旨用竹棚架發想，把散置的藝術作品圈起來，提供背景依靠，像是透空式的美術館。噴水池是我給撒部．噶照的課題。通常這種親水的互動設施會很快荒廢，他運用噴水池的石頭基座成為作品〈源遠流長〉的基礎，這些石頭是原住民熟悉也能理解的，加上從部落帶來的漂流木，可以跟環境好好對話。

TAINAN400 FILE —— 14

2024台灣燈會在臺南

- 地點
  安平燈區｜林默娘公園、安平遊憩碼頭及安平運河沿岸
  高鐵燈區｜大臺南會展中心及其周邊場地、沙崙綠能科技示範場域
- 燈會時間
  安平燈區｜2024.2.3～3.10
  高鐵燈區｜2024.2.24～3.10
- 工作人數與分工
  安平燈會藝術燈區｜統籌－1人、助理－1人、學生志工－人數不定
  高鐵燈區〈靈動的目光〉建築光雕｜導演組－8人、藝師－7位、顧問－2位、美術設計－2人、動畫團隊－約20人、音樂演唱／旁白聲音演出－5人、音樂團隊－約10人、現場執行團隊－約30人、音樂工作坊參與師生－13人、彩繪工作坊參與師生－約750人
- 總展件數量
  安平燈區｜30件
  高鐵燈區｜近300件

Q 藝術家在這次創作中面臨哪些挑戰？

A 園區的草皮要挖溝埋電線，所以有很多沙土，藝術家在製作過程中的幾個月都要吃沙受凍，滿辛苦的。我們還有個作品在水上，是梁任宏的〈吞下吧！我的時空！〉，作品是用玻璃纖維做的膠囊，施工需要吊車、吊裝，還要算好潮差，讓作品不因漲退潮而移動。加上要透光就不能做太厚，做得太薄又會太脆弱，不是很容易。

Q 觀眾對燈會的反應如何？

A 美術館和社教館目的不同，一種是提升，一種是普羅，藝術燈區就像是美術館。若是大老遠趕來看熱鬧的，會覺得看不到東西。現在很多自媒體，自然也出現一些負面評價。不過我認為藝術還是要回歸藝術，大家可以各取所需。

安平因為觀光蓬勃，失去了原本的寧靜，我希望林默娘公園還是維持安靜的樣子。像剛剛提到，游云旨的作品〈蕪為〉是七百公尺的竹棚架廊道，右側是水岸，左側是草皮。我想讓大家安靜地走在其中，不是看光鮮亮麗的閃燈。蕭美琴來的時候，就說她喜歡這種放鬆寧靜的感覺。現代人太忙碌了，沒時間看向自己，我的藝術燈區是在扮演讓人放鬆、引發內省的角色。大家可以安靜地看自己、看安平，如果愛惜現在，才可以把過去、現在跟未來牽成一線，並清楚地理解這條線。

[1] 梁任宏，〈吞下吧！我的時空！〉
[2] 游云旨，〈蕪為〉
[3] 安聖惠，〈織與氣根的漂流〉
[4] 撒部．噶照，〈源遠流長〉
[5] 〈靈動的目光〉建築光雕

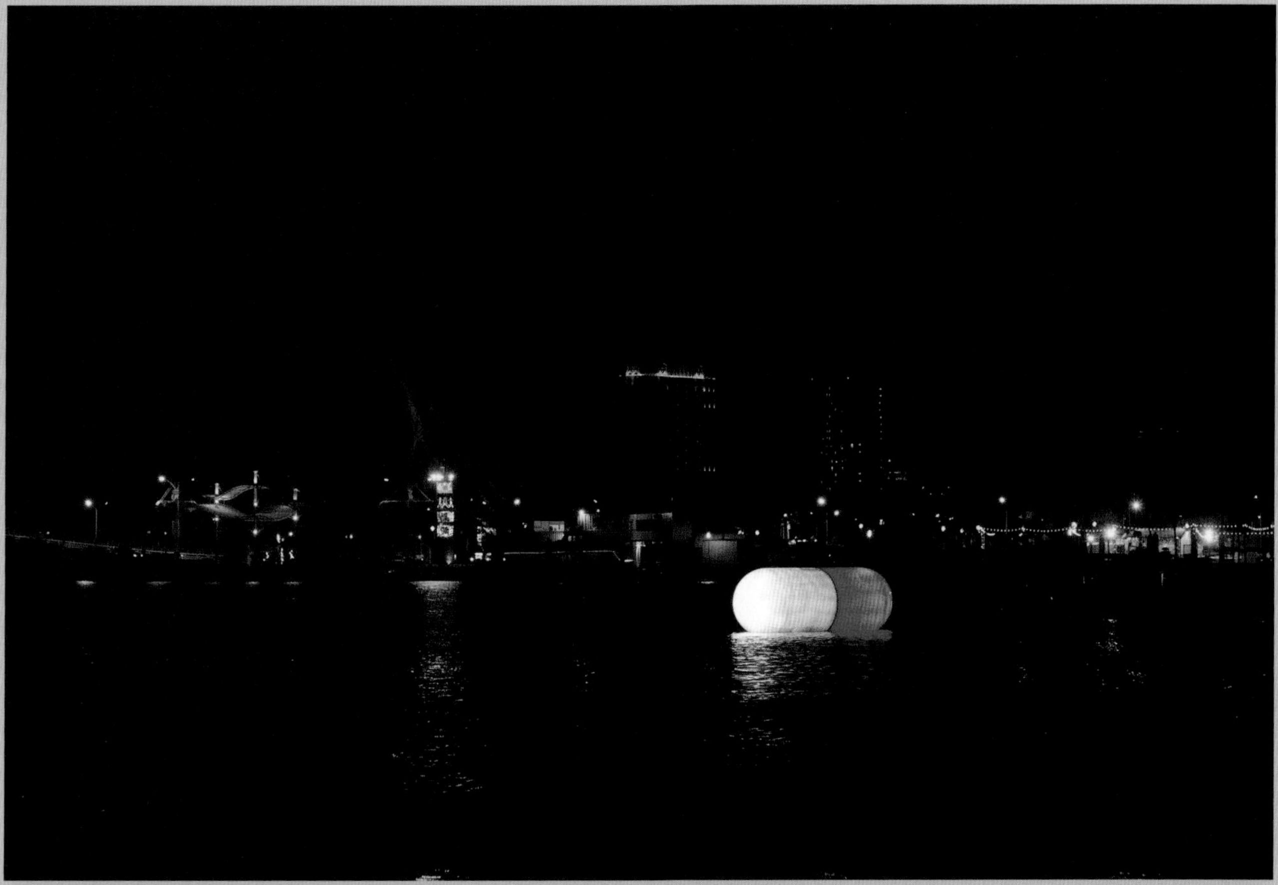

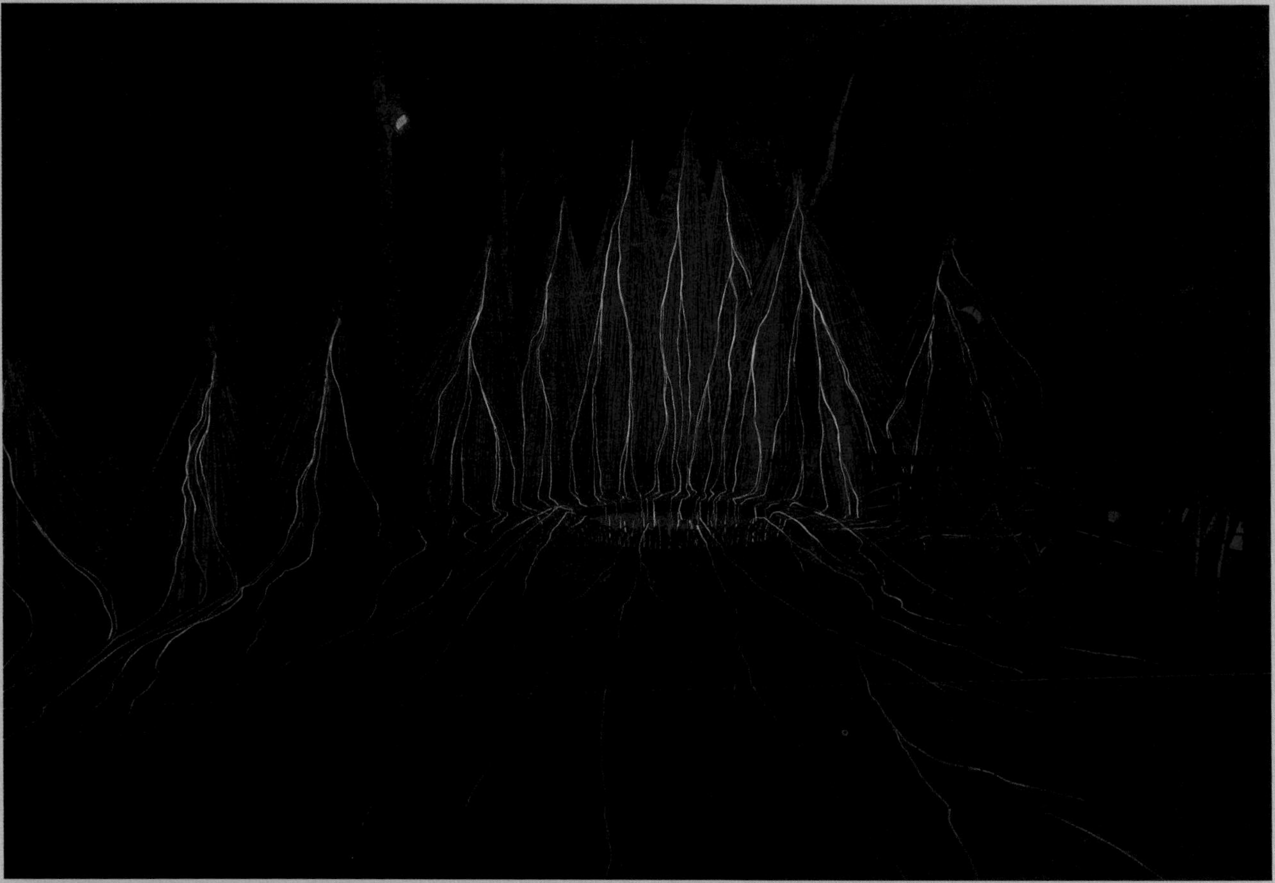

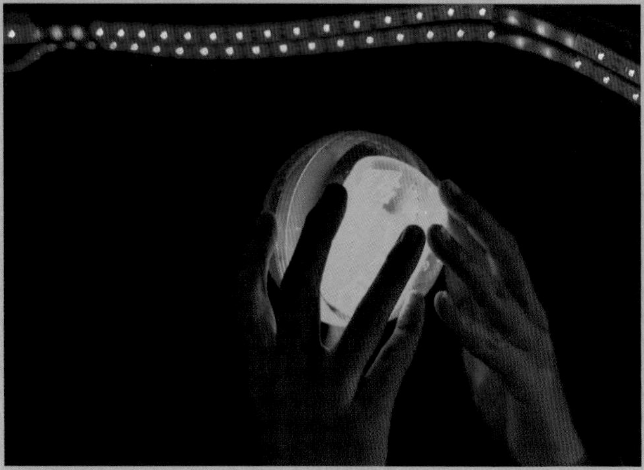

1
2 3

[1]辛綺，〈火山〉
[2]〈觀看〉＋〈前行：伴〉邀請觀眾帶著前一位觀眾留下的一件代表傳承的文字，於黑暗中體驗負重前行之感。
[3]李恩淑，〈龍火瀑布〉

空山祭

山迎來了誰

「最美山林燈節」的稱號頒給空山祭。從二〇一九年開辦首屆空山祭以來，這個燈節以龍崎奇特的泥岩自然地景長出「空、地、水、風、火」的策展元素，讓臺南市人口最少的龍崎被看見，原先龍崎被劃定為垃圾掩埋場的計畫也因此宣告終止。

Q 龍崎座落於臺南淺山地區，有什麼環境與歷史文化特色，這些特色如何影響光節說故事的方向？

A 虎形山的地形很特別，高低起伏大，我們讓作品與作品間隔一定距離，讓大家有時間醞釀，用適當的節奏走入每個作品。從入口走一圈會回到原點，所以我們用一個故事進行策展，每個作品都是一個故事段落。

開始田調後，我們才發現龍崎被劃定為垃圾掩埋場，但這裡同時也有蛇妖、龍脈等傳說，才衍生出「空山不空」、「惡地伏流」、「隨風去留」以及「龍火餘燼」的年度策展主題。以第五屆來說，火就像龍崎蓄勢待發的泥火山，月世界尖尖的形狀如同龍的背脊，彷彿沉伏已久的龍準備活動，因此有了〈火山〉這件作品。火山是毀滅也是創造性的力量，可以激發人們的生命力。

Q 今年空山祭令兩位印象深刻或覺得特殊的作品？

A〈火山〉很像是實際進入龍崎惡地前的預告片，當你看到大家小心翼翼地避開螢光線勾勒的熔岩，會感覺他們身處在真實的自然環境裡、體感很細膩，看了心裡癢癢的。

〈觀看〉＋〈前行：伴〉則是很新的嘗試，我們把三區作品連在一起，這在一般的展覽裡很少見。觀眾在第一區取得代表傳承的物件，在黑暗中負重前行，再丟回給第一區的觀眾。想表達傳承的概念，也讓大家感受到自己把作品握在手裡這件事。

TAINAN400 FILE ——— 15

龍崎光節－空山祭

地點｜龍崎虎形山公園

光節時間｜
2023.12.23～2024.2.18

籌備時間｜約1年9個月

工作人數與分工｜
核心策展－6人、周邊－3人、布展－15人、開展、顧展－50人

總展件數量｜17件

受訪者 ——— Interviewee

辛綺

2019～2024年空山祭共同策展人，國立臺南大學美術系畢業。對限地創作及策展的感知深受瀨戶內國際藝術祭的影響。

陳雋中

2019～2024年空山祭共同策展人，臺南藝術大學藝術史與藝術評論學系碩士，具備藝術、遊戲企劃、科技等多元跨領域經歷。

Q 辦光節是否有龍崎在地社區、社群的參與？

A 我們曾經引導當地國中、小學的小朋友畫出符合自己形象的鳥類，在展覽現場透過投影旋轉、移動，象徵龍崎人的去留。此外也曾邀請當地竹藝師設計入口意象、製作小燈籠等。每一屆空山祭大概都會有兩、三件當地人的作品。

Q 空山祭已走過五年，這五年來光節有何變化？

A 我們對事物的包容度很大，會參加各種藝術季、劇團表演、現代舞、商業化的市集……，這也影響我們對策展的想法，會幻想不同表演形式穿插在作品間的可能性。

五年來人跟作品間的距離變得更近，大家可以整個進到作品裡，把作品踩在腳下。在開發新的感受跟想法的同時，好像又有點要想辦法回到最初的樣子，把這五年既有的想法拋開，從零開始認識龍崎。

Q「空不需要被填滿，而是被看見」這句話是兩位的體認，五年過去，光節對龍崎當地帶來什麼影響？

A 當地人有句話讓我們很感動，以前他說家住龍崎，大家都不認識，現在都認識了。

我們現在拜訪地方的時候，會發現大家變得很有想法，想做餐廳、對我們也有更多想像和需求。但我們二〇一九年拜訪的時候，大家不會提出這些想法，表示大家有了活力、動能。

1
2 3
4

1 大聲光電，〈空間劇場#5－古月號〉（圖片提供 / 大聲光電）
2 無限融合，〈我有我的振動頻率你有你的〉，在河道兩岸架起燈房，讓遊客以麥克風將聲音的振動化為傳向對岸的光波。
3 有用主張，〈彼端〉
4 都市藝術工作室，〈竹夢〉

月津港燈節

從小鎮邁向世界

月津港燈節從二〇一二年起由臺南市政府主辦，打破鹽水只有蜂炮和意麵的印象，逐漸變成鹽水的亮點，每年都為小鎮吸引大批參觀人潮。燈節廣納國內外藝術家的創作，也提供臺灣參展藝術家登上國際舞臺的機會。

Q 月津港燈節從二〇一二年舉辦至今，多年來燈節有哪些變化？

A 鹽水是一個傳統小鎮，臺南卻又是科技城，我們結合這兩者，表現出最新的觀念和呈現方式。這幾年在作品裡會看到越來越多的新技術，例如AR及5G數位虛擬技術，讓觀眾體驗虛實共構的科幻效果。另外，規劃月津港燈節我們有一個最大的目標，希望在鹽水小鎮塑造一個國際性的燈節，所以除了邀請國外藝術家參與，同時也積極規劃臺灣藝術家出國參展，並開始和亞洲國家如日本、韓國的燈節有更密切的連結。

Q 當地人對燈節有什麼回饋？

A 剛開始在地居民覺得燈節太暗了，一直叫我們加燈。我們在很掙扎的狀況下加了一點燈。不過後來他們發現很多人進來參觀，發現原來「暗」是一種氣氛，也是一種層次，這是一個與眾不同的燈節，於是變得很自豪。幾年下來，在地人都認識我們，也會分享對作品的看法。小吃店家看到國外藝術家來也會主動送食物，認為他們辛苦了，我覺得很窩心。

Q 燈節的設計與理念如何和鹽水在地環境互動？

A 藝術家會根據地景創作。藝術燈區裡面有一區很安靜，像「大聲光電」姚仲涵的〈空間劇場#5－古月號〉是投射燈架設於拱橋上，投射光不斷變化，樹影在水上律動，非常漂亮。它也像是一個光影劇場，我們很多作品都像一個表演。

Q 燈節如何作為國內外藝術家揮灑的平臺？

A 為了走向國際化的目標，我們曾拜訪日本京都的市長，從第二屆開始，京都藝術大學的師生每一年都會來創作。我們後來也邀請法國、澳洲的藝術團隊參與，去年還有韓國燈節的工作人員邀請我們過去分享經驗。

臺灣藝術家的部分，姚仲涵和「有用主張」團隊之前都沒有在戶外做燈光創作的經驗。我是看了他們室內的作品，覺得適合放在戶外才提出邀請，現在他們都變得非常知名。「有用主張」曾到英國、杜拜及日本等國參展，也是華語圈首度成功進入阿姆斯特丹燈節的藝術團隊。我們也建議市政府設「徵件區」，讓老師可以帶著學生創作，培育有潛力的藝術家。

Q 舉辦燈節如何改變人們對鹽水的看法？

A 有了月津港燈節，大家不再只會因為蜂炮進入鹽水，而且每年月津港燈節的觀展人次都在增加，很多縣市政府的人也來參觀。後來臺東縣政府邀請我們去打造光祭，希望讓知本活躍起來。我以前在海安路進行藝術造街，就深信藝術可以改變城市。

TAINAN400 FILE —— 16

2024 鹽水月津港燈節

地點｜鹽水月津港水域

光節時間｜2024.1.27～3.3

籌備時間｜
以藝術燈區為例，約8個月

總展件數量｜
66件聲光藝術作品

受訪者 —— Interviewee

杜昭賢

都市藝術工作室、加力畫廊、B.B.ART 創辦人。海安路藝術造街的推手，擔任 2021 年臺灣國際光影藝術節、月津港燈節等藝術總監。

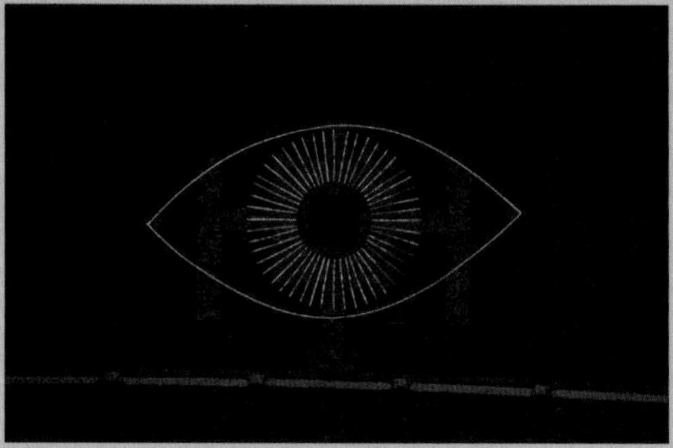

1
2
3

1 白睿騰，〈浮生〉
2 作日製作、404 N.F，〈凹〉
3 賴羽鋐，〈光之眼〉

新營波光節

水光粼粼的新嘗試

波光節不但是新營首場大型光節，也是臺南暨月津港燈節、空山祭後推出的第三個地方光節品牌，成為臺南溪北的新亮點。首屆波光節策展結合在地人文歷史與天鵝湖的自然環境特色，用創作回應人與自然互相依存的可能。

Q 新營的特色是什麼，為什麼會選擇在此地打造光節品牌？

A 新營在臺南縣市合併前是臺南縣政府所在地，文教風氣濃厚，從早期就有許多活躍的文化人士，比如廣義大新營地區的作家劉吶鷗、臺語音樂大師吳晉淮等；此外，位於埤寮里的天鵝湖公園也被列為國家級重要濕地。而在市府區域發展規劃上，希望均衡曾文溪南北兩大區域的活動比重，藉著光節品牌的打造展現溪北的區域特色，因此位於溪北地區的新營便雀屏中選。

Q 本次光節的概念與作品如何結合新營的歷史人文與自然風景？

A 我們在規劃時與市府有共識，只使用已鋪設環湖步道的天鵝湖前段，後段維持生態原貌。第一屆的主題是「波光圈」，從湖本身的水波風動，到湖與湖面的光波粼粼，光代表光影的光感或感光，以及藉光而生的燈節；而湖面水波蕩漾擴開，共存的漣漪就如同生態圈（bio-sphere）的緊密相契。

藝術家白睿騰的〈浮生〉有當代設計的簡潔感，以機械動力使燈光裝置產生動態，從蜉蝣生命這樣微小的生命刻度談起，對應到溼地生態中的生物多樣性。藝術團隊「作日製作、404 N.F」的〈凹〉也是機械動力作品。凹陷裝置上的光罩會開合，光線忽明忽弱，中間有個走道可穿越，展現在此刻的時間節點，眺望未來與回望過去之間的狀態。

TAINAN400 FILE —— 17

2024 新營波光節

- 地點｜新營文化中心及新營天鵝湖
- 光節時間
  「2024 幾米 Singing 臺南——團圓・微光 The Moon Forgets」｜2024.1.20～3.24
  「波光圈——天鵝湖燈區」｜2024.1.27～3.3
- 籌備時間｜約 5 個月
- 總展件數量｜10 件

受訪者 —— Interviewee

方敘潔

2024 年新營波光節策展人，資深媒體人，方物研創創意總監。曾任 2021 年臺灣文博會工藝館「微物集會」、2023 年臺灣文博會地方主題館「野化論」策展人、2023 年漁光島藝術節「重繪地海之島」等策展人。

Q 籌備過程中是否有在地社群的參與？

A 新營社區大學是社區營造的堅強後盾，原本就不定期舉辦社區導覽跟自然生態走讀。透過波光節邀請講師們以走讀的形式與民眾互動，讓大家可以拉長體驗時間，下午聽導覽、去新營市鎮上吃點心，傍晚魔幻時刻作品瞬間點亮，便是遊人回到天鵝湖賞燈的好時機。

Q 最想推薦給大家或印象最深刻的作品是哪一件，背後有什麼故事？

A 從風水角度來看，新營區位於天鵝穴穴位，天鵝湖位於天鵝眼，也因此將舊名埤寮埤改為天鵝湖，賴羽鉉作品〈光之眼〉的大眼睛正是想呼應此點。天鵝湖區平坦開闊，加上展期在冬天，位在水面且湖面風大，執行上有一定難度，但團隊還是克服難處，就是希望能透過作品回應這個在地歷史典故。

Q 光節策展和其他類型的策展有哪些不同之處與挑戰？

A 相較室內展的內容，主要透過文字、圖片、影像、聲光或空間體驗呈現；位在自然環境中的光節，首要是尊重在地環境脈絡，接著才是把人類的東西加上去。而以第一屆波光節來說，花了一些心力定調整體光節品牌，也在策展論述中加入人文與在地歷史的軸線，即是為了能展現大新營區的特色。

1 | 2

[1] 二〇二四年日本仙台市舉辦 「台灣文化祭」，普濟燈會參與展出。
[2] 二〇二四年第十二屆普濟燈會
(本頁圖片提供 / 普濟文史研究協會)

普濟燈會

點亮地方的希望

從二〇一三年開始，普濟燈會已連辦十二屆，是由「普濟文史研究協會」執行長蔣文正等一群素人發起的文化起義。協會提供素白燈籠讓大眾創作，初期只有三百盞燈，如今已達一千八百盞。不僅成為府城的觀光亮點，也到海外參展，登上國際媒體。

Q 為何當初會想以「彩繪燈籠」的方式展開燈會？

A 我在廟口長大，卻目睹街區老屋一步步破損、人口老化等衰敗現象，感到很痛心，所以創立普濟文史研究協會，但資料搜集成效不彰。直到偶然間看到日治時期的《臺灣日日新報》記載元宵節時會在普濟殿辦燈節，非常熱鬧，加上臺南人過年都會去廟口拜拜，才想從元宵節著手。

Q 一開始想捲動在地居民有沒有遇到阻力或難題，後來怎麼克服？

A 早期有廟方支持經費，我們也設計春聯募款，但被民眾質疑廟方為何要收費。我感慨地在粉絲數只有一千多的文史研究協會粉專寫了段文字，為了找到退場的理由，說如果按讚數破萬再想辦法推動。沒想到隔天就超過兩萬，找到繼續撐下去的力量。後來我們募資、販售文創商品、申請補助、找中小企業贊助……，讓燈會可以持續舉辦。

Q 這麼多年來，發生過哪些令人印象深刻的故事？

A 我們有教社福機構的長者畫燈籠，放在燈會展覽。後來聽說平常他們出門意願不大，但居然主動要求社服員推他們去看燈會，辦燈會這件事對我來說因此有了更深層的意義。也有北漂青年每年會回來一兩天過節，陪母親來看燈節。後來母親過世了，這些賞燈的經驗便成了美好的回憶。

TAINAN400 FILE ——— 18

臺南市2024
第12屆府城普濟燈會

地點｜普濟殿廟埕與國華街上
燈會時間｜2024.2.4～3.9
籌備時間｜共5個月
工作人數與分工｜
PM－1人、製作燈球－1800人、設計周邊－5人
總展件數量｜1800顆燈球

受訪者 ——— Interviewee

蔣文正

普濟燈會策展人、普濟文史研究協會執行長和「88藝療所」負責人，致力推動社區廟口街區的文化復振。

Q 燈會為街區帶來了什麼改變？

A 普濟殿因為燈會的關係成為過年很指標的地方，也讓文化局注意到我們，將這個老舊的社區納入「歷史街區計畫」。為地面鋪設新石材，變得很乾淨。

Q 到國外參展有何意想不到的挑戰或趣事？

A. 普濟燈會其實三年前就去日本了，只不過之前的地點都是在東京鐵塔那種熱鬧地方。今年我們找了311海嘯重災區的宮城縣仙台藤塚，希望幫地方點亮希望。我們也帶著當地兩百位居民畫燈籠，年底他們會寄來臺灣展覽。

Q 往後燈會還有其他想達成的目標嗎？

A 坦白說我不敢想，因為我們沒有穩定收入，大家也都是志工。我自己認為未來不一定是我們來辦，也可以由其他人或政府承接，讓普濟燈會變成固定的文化慶典，長長久久，這是我期待的事情。

Q 除了燈會，普濟文史研究協會還從事哪些努力以復振街區？

A 二〇二二年成立了「88藝療所」，地點是普濟街這一帶最早的西醫診所之一，已經荒廢二、三十年。除了想將這裡作為普濟燈會志工交流的據點，也看到現代人心靈比較空虛，覺得可以用講座、展覽及藝術家進駐等方法，達到藝術療癒的效果。

1 [1] 臺南市中西區圖書館　(原臺南州會)
2 [2] 文化部文化資產局文化資產保存研究中心
3 [3] 葉石濤文學紀念館廣場
(本頁攝影 / 楊士宏)

歷史街區光環境

探索城市的不同視角

中西區歷史城區的光環境營造以臺南孔廟街廓人行空間為核心，延伸至葉石濤文學館、葉石濤廣場與神社事務所，再結合臺南市美術館一、二館、臺南州會與臺灣文學館。透過光的介入，創造適合夜間漫步遊走的城市氛圍。

Q 參與臺南古蹟光環境營造的契機為何？

A 二〇一三年，「中強光電文化藝術基金會」與照明設計師周鍊老師進行臺南風神廟的光環境改造，讓公部門看見光環境營造的潛力。後來市府希望周老師協助公有空間的光環境營造，我有幸參與其中。臺南是座古城，擁有許多古蹟和曲折巷弄，在其中遊走會發現很多新奇的可能性。不同的城市紋理與居民的生活型態，自然造就不同的光環境需求與樣態。

Q 如何根據不同的古蹟或建築設計挑選不同的照明方式？

A 當建築的形式、材料及顏色不一樣時，燈具的規格會不同，但這些都是技術面的事。前期階段要思考的是想為觀者帶來什麼樣的空間感受。與其說是根據不同的古蹟或建築設計挑選不同的照明方式，我們更多的是從空間跟使用者的需要來挑選照明方式，透過照明隱惡揚善，重新安排物件出現在人視野中的次序。

比如同樣是牆體照明，我們利用貼近牆體的窄角度投光燈強化臺南州會的牆面紋理；而在孔廟周邊，卻是選擇應用燈柱，將漫射的光線柔和地潑灑在環境中，讓牆體成為空間中的安全邊界。

TAINAN400 FILE —— 19

中西區歷史城區光環境改造

地點｜
- 臺南孔廟街廓人行空間，包含南門路、友愛街、忠義路、府前路的人行道
- 臺南孔廟東大成坊與西大成坊
- 忠義國小圖書館（原臺南神社社務所）
- 葉石濤文學紀念館廣場

改造時間｜2019.2～2023.10，約4年8個月

改造人數與分工｜設計－5人、工程－15人

受訪者 —— Interviewee

陳怡彰

紐約 Parsons 設計學院照明設計碩士，「偶得設計」設計負責人。以光為媒介呈現建築空間美學，創造人對環境的記憶連結。

Q 打造古蹟或歷史街區光環境需注意的技術問題有哪些？

A 在技術上或法規面向，跟一般非古蹟或非歷史建築相比，最大的差別在於是否受到《文化資產保存法》的管制。最常面臨的問題是不可以破壞古蹟，極端一點是不能釘釘子、鎖螺絲。這些技術上都可以克服，比較困難的是如何找出一個大家都接受的方案。

Q 打造古蹟光環境會和在地居民協商或協作嗎？

A 以孔廟東大成坊為例，光環境營造的期待是清楚看到全貌。一開始的設計是立一根很高的燈桿，整合門、柱、牆等細節及活動宣傳等，同時消除周邊比較混亂的系統。但地方居民覺得這樣拍照不好看，於是我們讓燈回到建築體，結果有些細節光源打不到，但這就是折衷的辦法。光環境的設計原本就是為了使用者而存在，過程中一定會經過許多不同意見的揉合。

Q「光」如何呈現不一樣的臺南城市風景？

A 剛落成的建築有一天也會成為古建築，自帶不同的時代訊息。臺南作為一個擁有超過四百年歷史的城市，生活在其中的人可以恣意綜覽跨越多個世紀的歷史與文化果實；而「光」的介入，與其說在呈現什麼，更多是創造城市與人相互接觸與交流的機會。透過「光」所打亮的，表象是建築和空間，但本質上，是觀看者去探索城市的動機。

GUIDE 透視大展

（攝影／蘇雅欣）

第五章

EXHIBITIONS &

作為臺南人的博物館，臺南市立博物館（以下簡稱南市博）期待到訪者帶入日常與觀點，不僅參觀，還能參與。一起凝望今昔，共造城市記憶。

王世宏

老家在臺南鴨母寮市場邊，碩士研究題目是十八世紀普魯士王國。中學任教期間開始深入認識故鄉，在轉行進了公務體系，涉及某些與臺灣早期歷史相關業務後才發現：還好我讀西洋史，臺灣跟世界脫不了關係。過去的研究，四百年前的臺灣與大航海時代的歐洲，突然就這麼接上了。

王世宏：「臺南400不只談過去，也回應這城市將去往何方。」

文字｜Casca　攝影｜顏歸真

身著牛仔褲，腳踏登山鞋，襯衫袖子捲起，南市博館長王世宏彷彿隨時都在探索路上。見到相機鏡頭，他露出不好意思的笑容，說這裝束其實是為了行動方便。

座落延平郡王祠東側的南市博，前身為鄭成功文物館，融合現代主義與中國古典元素的建築歷經兩年整修，在「臺南４００」前夕作為「南博」系統的本館重啟面世。以時間為軸，串接展示自然史演化的左鎮化石園區、見證日治時期現代化公衛工程的山上花園水道博物館、記憶外來政權治理與傳統農民社會衝突的噍吧哖事件紀念園區；以地理空間為度，連結大臺南五十餘座公私立博物館及地方文化館，呈現歷史、人文、科學、宗教、產業等不同面向。走訪各地館舍，穿登山鞋肯定比皮鞋實際，別忘了，花園水道博物館可是有座長達一百八十九階的石梯！

作為臺灣第一座首都，大街小巷都埋藏老故事的臺南，本身就是座活生生的博物館。要如何在博物館裡策展一座城？為何需要一座以臺南為名的館舍？

「往昔博物館的策展角度，

是『我想要告訴你什麼』。選好主題、擺出文物，把知識單向傳遞給民眾。不過現在的趨勢不一樣，」王世宏說，「臺南400不只談過去，也回應這城市將去往何方。」南市博呼應當代博物館的轉向，以協力、自造兩個核心概念，與市民、在地社群合作策展。同時期待藉觀展民眾的互動回饋，切換視角，展現不同面貌的臺南。

這是南市博與鄭成功文物館的最大差異。焦點從文物移到人，是臺南人的博物館，也是與形形色色的人交陪，共造城市記憶的博物館。

由市民發起的史料蒐藏運動

南市博雛形，起自百年前官民的協力共造。彼時慶祝熱蘭遮城建城三百年，總督府策辦「臺灣文化三百年紀念會」，活動包括一檔史料展覽。向官方借展之餘，民間則大力響應，募集全臺各地的珍稀文物，鄭成功墨寶、地圖、古契書、碑文、神像、匾額，諸般骨董甚至傳家寶，從尋常百姓家躍入公眾視野。

紀念會結束後，文物由熱蘭遮城的臺南史料館典藏，爾後館名因遷移或定位轉變幾度更迭；不變的是，眾多研究與文資保護，都高度倚重在地文史工作者共通合作。

從史料到日常，無一不包的清代文物，成為南市博的收藏亮點。民眾至今仍持續捐贈古文書、農具甚至風獅爺，館藏累積近六千件。王世宏坦言這規模不算多，「但如果我們要辦一檔清代人民的生活展，無論食衣住行，皆能找到很完整的物件。」

其中他最感驚豔的是對青藍色龍形耳鉤，「那藍非常特殊，我以為是礦物彩，請我們的科檢中心檢測，發現來自一根根鑲嵌在耳環上的翠鳥羽毛，是一門叫做『點翠』的傳統工藝。」

如今，以嶄新面貌開館的南市博成為南博系統行政中心，延續協力精神，除了共同在活動期間出攤宣傳、巡迴走入校園，還有項實際協助：委託成功大學歷史學系團隊走訪地方館舍，了解其運作狀況、提出建議。

王世宏表示，很多民營館舍受限資源、經費，屬於「一人館」，行政工作就夠繁瑣，不太有餘裕思考館舍的未來。南博系統的博物館運籌機制這時便能幫上忙，一起討論如何永續經營。

置身時代、回應歷史的城市博物館

回到南市博本身，王世宏分享一個有趣觀察：「這裡的團客不多，散客、背包客倒不少。我常在館內觀察遊客的狀況，有時被發現是館內的人，他們就會問我一些博物館的事，或者臺南的事。前陣子還有外國人問我臺灣歷史博物館

是臺南人的博物館，
也是與形形色色的人交陪，
共造城市記憶的博物館。

要怎麼去。」

因此，他期待南市博是座「很臺南」的博物館，涵容老臺南與當代臺南，成為來客認識城市的窗口，或一間問路店。常設展「自造臺南：我們的歷史」便恰如其分成為認識臺南史的敲門磚。

「臺南400，本質上回應的是歷史問題。為什麼是四百？因為回溯到一六二四年熱蘭遮城建城，臺灣正式與世界接軌。這檔展覽回應的，是臺南在歷史中的特殊定位，生活在這裡的人，又如何形塑土地的性格與文化底蘊。」

沿著朱紅色流線型展臺，觀者穿越時間之河，從孕育生命的海洋、立足其上的土壤，城郭內外的豐饒、衝突與政權更替，進而看見自造歷史的人。在著名的〈鄭成功畫像〉那須豐慶摹本前駐足，亦從拓本、輿圖、百工物件一窺原住民、商賈、傳教士與移民四百年來留下的生活痕跡。導覽過程，王世宏不忘串聯南博各館，「想看更多化石，請造訪左鎮化石館；想多了解十七世紀大員，就去熱蘭遮博物館走走。」

行至盡頭，眼前是通透落地窗，老榕樹綠意盎然，街景川流不息。外頭是進行中的臺南歷史，窗畔的互動型微型展區，則即時回應時事或社會議題。我們到訪時的主題呼應巴黎奧運，民眾的便利貼留言爬滿一層樓高，有人認真寫下最近的運動紀錄，有人當成許願版，王世宏指著直逼天花板高度的一張便利貼：「最厲害的是麟洋配還沒比賽前，就有人許願他們得冠軍，貼在最高的地方，後來他們真的拿金牌。」

邀約民眾共同展示臺南

南市博有六千件足夠展現老臺南的文物，但要如何呈現變動中，且達到「夠臺南」標準的當代臺南？答案是，邀臺南人一起策展。

南市博展間通道放著一個個展示箱，麻雀雖小，卻濃縮策展者的生命經驗。二〇二〇年籌備期至今，南市博已訓練近四百位具備調查與策展能力的「南博特調員」，多數人都還是學生。

「記得以前在學校做研究，很多主題都很有趣，可惜最後只變成一疊報告。」王世宏說，南博特調員透過比照博物館的訓練，讓特調員說出自己的故事，透過展示箱巡迴展出。

在我們造訪的二〇二四年秋天，展示箱有兩檔展覽，一檔由永仁高中的學生規劃，這所擁有許多新住民二代的學校，學生從切身議題出發，關注新住民怎麼融入臺灣生活。另一主題「青春策展人」，由二十二名來自不同學校的高中生探討何謂「長大」。從臺南「做十六歲」習俗開始，探究其他國家成年禮，再談世代差異。其中一個展示箱探討棒球體育生的成長之路，入選職棒球團後會經歷什麼？未入選會往何處去？學生還訪談統一7-ELEVEn獅球員，聊過來人心路歷程。

在此同時，南市博也邀在地文史工作者成為「客座策展人」，帶入不同層次的市民與社群觀點。

一座城市的記憶

南市博一樓特展區，引領到訪者一腳踏進生動的臺南風景，主題關注四大面向：生活誌、地方史、與異文化的相遇、未來式。首檔特展以極富生活感的「簳仔店」拉開序幕，以高中生為主的市民走入臺南各區雜貨店，採集老雜貨故事。第二檔特展「百窗即景」，以老照片作為城市之眼，亦有新營社大學員以新營糖廠為中心，透過相機觀景窗凝視家鄉樣貌。

「臺南400，當我們探究城市變遷，窗就是個很好的觀測點。」愛在館內閒晃的王世宏，幾天前悄悄觀察來看展的親子，「爸爸指著照片，跟孩子分享他小時候看到的窗景是什麼樣，這就是我們期待的，讓民眾藉展覽回顧、思索、告訴下一代臺南的變化。」

Read More **臺南市立博物館館群小檔案**

臺南市立博物館・中西區
收藏明清以降臺南文物，展現前人積累的歷史，市民共築的未來。

左鎮化石園區・左鎮區
坐落化石寶庫菜寮溪，兼具考古、教育、觀光功能的化石主題博物館。

山上花園水道博物館・山上區
國定古蹟，保存日治時期的水利設施。

噍吧哖事件紀念園區・玉井區
糖廠招待所整修後賦予新使命，重現臺灣史上規模最大武裝抗日民變。

南市博也邀在地文史工作者成為「客座策展人」，帶入不同層次的市民與社群觀點。

Q&A

館長的快問快答

Q 說到臺南400，會想推薦的作品是？

A 南市博在臺南市美術館二館主辦的「我們從河而來：流域千年・文化共筆」，以當代藝術形式，從流域概念去談土地、人與水文的關係，看見人們如何在不到百年內毀壞河川生態，思考面對大自然反撲的解方，非常精彩。

Q 最想推薦給外地人的「臺南」是什麼？

A 臺南的巷弄很有趣，騎車走馬看花就會錯過很多細節，所以我推薦用散步品味臺南。一次肯定走不完，所以要多來幾次，對吧？

Q 臺南市立博物館中，私心最喜歡的藏品是什麼？

A 我最喜歡的兩幅畫，目前都收藏在南市博庫房，是小早川篤四郎的〈普羅民遮城夕照圖〉與〈日曉的熱蘭遮城〉。荷蘭人建造這兩座防禦城堡、發展市鎮，後來臺江內海淤塞，雙城相連，成為今日臺南樣貌。這兩座城標誌此地最早的發展，亦標誌新的時代。

Q 提到「臺南」，會想到的是？

A 祀典武廟週邊是我小時候的生活空間，天空藍與古蹟的紅牆，是我對臺南的色彩記憶。讀國小的時候，每天放學，我就跟父親沿著當時還未加蓋的德慶溪沿著上游走，經過民族路夜市，一路吃到住在今日新光三越民族店附近的爺爺家，聊完天再一路吃回來。鱔魚意麵、米糕、蛇肉湯的滋味，還有這段散步路上的風景，可說是小時候對臺南的五感體驗。

至於當時有沒有來過南市博這一帶？沒有欸，因為這裡已經是「城牆邊」，小朋友走不到。（笑）

Q 臺南歷史中最印象深刻的小故事是？

A 臺南作為糖都，新營、鹽水、仁德一帶蔗糖產地，居民對富豪、大地主有個共通性描述：「他們家的糖倒到河裡，下游都變甜」。我在大內也聽過相同說法，那旁邊可是臺灣第四長的河流曾文溪！

紅球計畫

十日限定的
歷史街區策展行動

作者一宋思彤

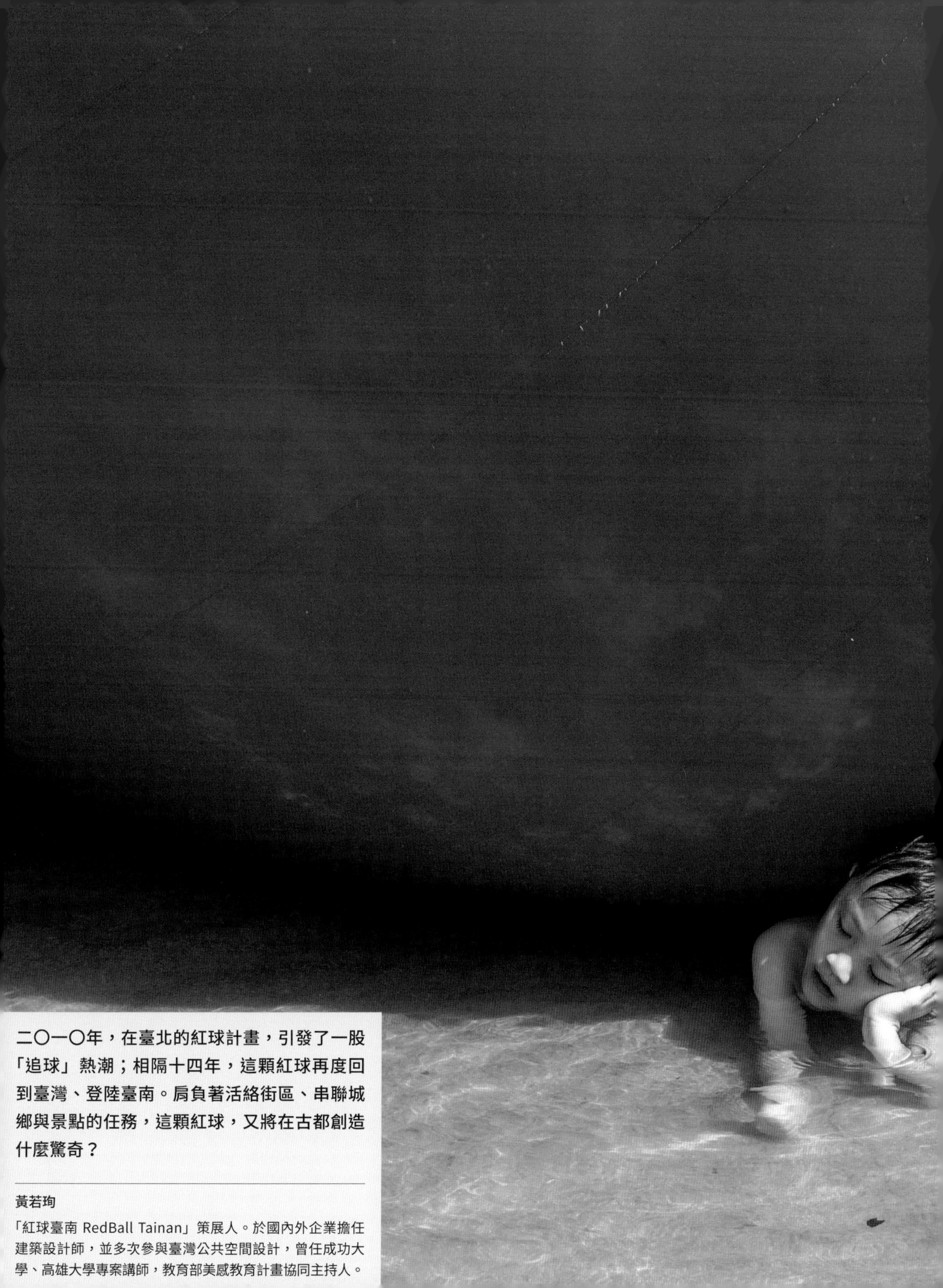

二〇一〇年，在臺北的紅球計畫，引發了一股「追球」熱潮；相隔十四年，這顆紅球再度回到臺灣、登陸臺南。肩負著活絡街區、串聯城鄉與景點的任務，這顆紅球，又將在古都創造什麼驚奇？

黃若珣

「紅球臺南 RedBall Tainan」策展人。於國內外企業擔任建築設計師，並多次參與臺灣公共空間設計，曾任成功大學、高雄大學專案講師，教育部美感教育計畫協同主持人。

Q 為什麼在臺南引進「紅球計畫」（以下簡稱「紅球」）？

A 我們一直想要活絡歷史街區，不斷思考可以置入什麼藝術行動。

前期規劃時，我們想了好幾種方式：可以是偏向傳統藝術節的作法，在街區放不同藝術家的創作，又或者以遊行的方式介入。如此回應了臺南的宮廟習俗，近似於廟會花車的動態藝術。

後來我們想到「紅球」。它是單一性極強的展品，最大特色是每天更換地點。我們覺得，對臺南市民而言，這是相對吸睛、創新的作法，藉此讓民眾穿梭不同街區。雖然二〇一〇年紅球曾在臺北展示，但相隔十四年，不僅跨越疫情，社群媒體的興起，也賦予紅球在展演上的不同可能性。

Q 這次「紅球」的設計，有哪些巧思？

A 除了排程上穿插熱門、私房景點，我們特別以「水」作為貫穿策展的核心要件。臺南的地理環境有山、有海、有港口，這四百年來的發展，其實大抵順應著自然脈動，我們希望透過這樣呈現先民在這片土地生活的痕跡。

其中，「新化街役場」恰好是山海樞紐的交會點。我們認為這相當具有代表性，剛好這也符合藝術家的標準和想法，後來也就正式列入紅球的展點。

Q 藝術家本人對展出地點有什麼期待？

A「紅球」藝術家 Kurt Perschke 是個非常認真的人，往往隨身攜帶測距儀、手機，在勘景時用來測量距離與光線，以呈現出最完美的「行動藝術」。

我觀察，他在意的主要有三部分：人潮、觀賞角度與光線。Perschke 偏好路口或轉角，這與視覺構圖有關，例如周遭景物能否融入。他還會打開手機，確定展覽當下光線的角度。因為紅球照到陽光、拍起來好看，才能很好地運用社群媒體傳播出去。

至於人潮部分，因為臺南平常是一座居民導向的城市，並不像雪梨、多倫多等大城市抑或臺北西門町、信義區隨時聚集人潮。不過隨著展覽期間湧入大量人潮，也讓他感到格外驚艷。

Q「紅球」在臺灣有何特色？

A「紅球」過去偏向街邊藝術（street art）——不經意地出現在城市，偶爾有人駐足、觀望，或者拍照。這是 Perschke 先生原先的想像。

不過，由於過去臺灣的行動藝術展覽，無不湧入大量人潮觀賞。我們在前期其實做了非常多的準備，尤其是與有關單位溝通路線的規劃、疏導。實際展出後，Perschke 看到人潮洶湧的景象，也從一開始的不解轉而感到驚喜。

Q 有哪些可惜未能實現的展出地點嗎？

A 我們當初選了二十到三十個地方，當然不乏因各種因素沒辦法執行的地點。

其中一個，在神農街兩棟拆到一半、剩下一面牆的房子之間的空地。我們當初想像，讓紅球「夾」在那房子間，視覺與體驗上都非常理想。但因屬於私有財產等問題，最後不了了之。

另一個是億載金城城門，我們本來想把紅球塞在門洞。可惜當時入口廣場的工程時間卡到了展期。

Q 最感到驚喜的魔幻時刻？

A 一定是展覽最後一天的「大南門城」！

當天展覽結束後，「紅球」在臺南就告一段落。不過觀眾卻都聚集在城門外不願離開。我們跟 Perschke 先生討論後，決定來個小小的閉幕儀式。

我們特別把紅球拉出城門外洩氣，收進它專屬的空運箱。大家就這樣「目送」紅球，甚至是等到關箱、正式謝幕之後才願意離開。這種充滿「儀式感」的過程，我個人覺得很有意思，當下很是感動。

Q 措手不及的突發狀況？

A 第八天在新化街役場，紅球因為碰到尖銳物「爆掉」。那個當下真讓人捏了一把冷汗。

其實那天的安裝難度很高，如果其他的難度是二到三分，新化幾乎到達九分。因為周邊建物複雜，除了古蹟，還有新建案與斜坡。我們最後借了三個鷹架施工，一邊充氣、一邊把鷹架拉出來，直到紅球能完全「卡」在建築物之間。

意外發生當下，其實紅球已經充完氣了，是在「把鷹架拉出來」的最後一步，不小心勾破球。幸好美國的技術人員在場，很快拿出紅球的急救箱修補。工作人員進到球體裡面，透過類似「補內胎」的方式把紅球的破洞黏起來。最後，Perschke 先生還進到球體內，在破損的地方簽名。算是有驚無險，而且回想起來滿有趣的小插曲。

Q「紅球」為這座城市留下了什麼？

A 不確定到底有多少事情被留下來。但在這十天的展期中，我覺得這座城市好像重新活過來了！

像是第三天的臺南公園，是藏在城市之中的一塊大綠地，平時很少人去。紅球展出當天吸引了很多民眾，有人很是驚訝：原來臺南公園有這麼多樹！第九天的竹溪月見橋，也讓當地人打破了「它就是大排水溝」的刻板印象。

許多民眾從「看紅球」的過程中發現，這座城市被我們忽視的地景，其實許多都相當迷人。我們透過紅球計畫把人找回來，讓大家重新感受臺南的風情跟魅力。

Read More **紅球臺南日程表**

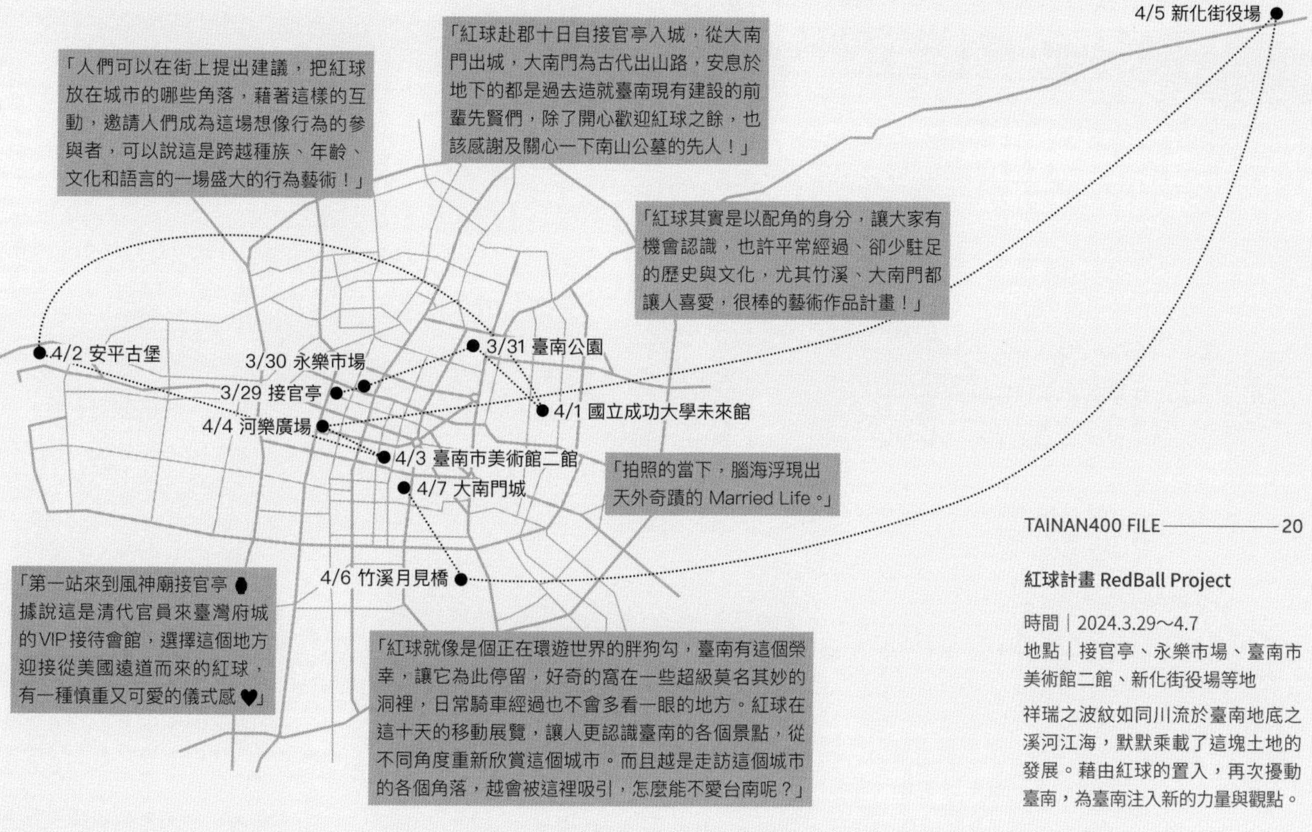
4/5 新化街役場
「紅球赴郡十日自接官亭入城，從大南門出城，大南門為古代出山路，安息於地下的都是過去造就臺南現有建設的前輩先賢們，除了開心歡迎紅球之餘，也該感謝及關心一下南山公墓的先人！」
「人們可以在街上提出建議，把紅球放在城市的哪些角落，藉著這樣的互動，邀請人們成為這場想像行為的參與者，可以說這是跨越種族、年齡、文化和語言的一場盛大的行為藝術！」
「紅球其實是以配角的身分，讓大家有機會認識，也許平常經過、卻少駐足的歷史與文化，尤其竹溪、大南門都讓人喜愛，很棒的藝術作品計畫！」
4/2 安平古堡
3/31 臺南公園
3/30 永樂市場
3/29 接官亭
4/1 國立成功大學未來館
4/4 河樂廣場
4/3 臺南市美術館二館
4/7 大南門城
「拍照的當下，腦海浮現出天外奇蹟的 Married Life。」
4/6 竹溪月見橋
「第一站來到風神廟接官亭，據說這是清代官員來臺灣府城的VIP接待會館，選擇這個地方迎接從美國遠道而來的紅球，有一種慎重又可愛的儀式感」
「紅球就像是個正在環遊世界的胖狗勾，臺南有這個榮幸，讓它為此停留，好奇的窩在一些超級莫名其妙的洞裡，日常騎車經過也不會多看一眼的地方。紅球在這十天的移動展覽，讓人更認識臺南的各個景點，從不同角度重新欣賞這個城市。而且越是走訪這個城市的各個角落，越會被這裡吸引，怎麼能不愛台南呢？」

TAINAN400 FILE —— 20

紅球計畫 RedBall Project

時間｜2024.3.29～4.7
地點｜接官亭、永樂市場、臺南市美術館二館、新化街役場等地

祥瑞之波紋如同川流於臺南地底之溪河江海，默默乘載了這塊土地的發展。藉由紅球的置入，再次擾動臺南，為臺南注入新的力量與觀點。

寧南門

我們從河而來

以千年流域滋潤 乾濕分離的生活想像

文字—黃怜穎　攝影—郭宛諭

當代藝術展覽可以如何回應「臺南400」的歷史時刻？在美術館，人們較熟悉視覺、文化及藝術史所架構的史觀，儘管近年國內外藝術展皆關注起資本主義人類世挑戰下所出現的多物種史觀，但仍少見聚焦於水環境的探究。「我們從河而來：流域千年・文化共筆」嘗試引領你我從「溪流」來思考與想像：如果將臺南視為一座漂浮於海上的「川流之島」，山林萬物隨河流沖積下陸地，形成丘陵和平原，隨海與世界連結，以此歷史時刻為契機，透過藝術力提問：「我們從何而來？我們要往何處去？」

龔卓軍

「我們從河而來：流域千年・文化共筆」總策展人，國立臺南藝術大學藝術創作理論研究所教授，《藝術觀點ACT》季刊主編。近年來持續投注心力於融合田野團絡（meshwork）方法的藝術策展。

白色的卡典西德河道地貼引領觀展者順水而入

如果臺南是座漂浮海上的城市

總策展人龔卓軍於三年前曾策展二〇二二Mattaw大地藝術季「曾文溪的一千個名字」，以流域共同體為方法，串連一條溪上中下游的地理生態、地方風土進行藝術對話。曾文溪沿岸人口較為稀少，議題相對單純，而「從河而來」訊息量涵蓋不只一條河，挑戰度升高，卻也讓從水環境出發的史觀更加多面向，龔卓軍思考：「是不是可能有另外一種以博物學想像為主的臺南史？」不僅有河川治理專家參與策展，關心社區環境的在地環保監測員也加入展出，鬆動各種城市議題的討論空間，正是當代藝術可致力之所在。

臺南市美術館二館首度將一樓大廳的地面及透明窗全場開放作為展出場域，讓一樓觀展動線串成一條綿延之河。顯眼的主視覺大圖，高十一公尺、寬六公尺懸掛正中，六條溪流從漂浮的臺南島竄出、流瀉而下。龔卓軍回顧主視覺發想，起初已有關鍵帶地層圖構想，某天開車聽廣播介紹到紫藤廬主人周渝的個展，北上親見一幅題字「從河而來」，於是立體浮島加上展名「我們從河而來」因而成形。

「擔任主視覺繪圖的焦聖偉在下方畫的是雲，我們期望能把一個有水的、潮濕的城市意象，重新帶回臺南。」因水而生的生命萬物，龔卓軍指引著，這方突破過往尺幅規格的主視覺，將水的意象附加在日本建築師坂茂為南美館設計的樹幹形貌，「也稍稍改變了我們對原本空間想像的質性。」

大廳地面貼著一條條白色河道，標示著靠近市區的鹽水溪、二仁溪、曾文溪、急水溪、竹溪、德慶溪及福安坑溪等流域，還可掃描QR code取得溪流確切位置，既意象又寫實地以水路引導人們入場，悄悄為思路滲開縫隙。

請水，滋潤城市想像

五大主軸之首「眾神・請水」，以原住民藝術家拉黑子・達立夫〈Ka' oripan 生命空間〉

TAINAN400 FILE —— 21

我們從河而來：流域千年・文化共筆

時間｜2024.7.9～10.13

地點｜臺南市美術館2館1樓

籌備時間｜1年6個月

工作人數與分工｜
策展團隊 10人、顧問2人、專案執行4人、視覺設計3人、公關策劃3人、空間設計1人、電力及燈光1人

總作品數量｜50組藝術家

為展出作品揭開序幕。龔卓軍說明，古地圖為理解過往人與水域關係的重要憑藉，拉黑子以十八世紀〈原漢界址圖〉為本截取局部，水道分隔出原住民與漢人的生活界線，獸皮般的質感外型，來自梅花鹿喜愛食用的構樹樹皮，拉黑子曬乾處理，以縫製高級西裝的方法縫出大面積如鹿皮般的輪廓，作為回應臺南400的開端：四百年前，嘉南平原的梅花鹿如何以巴達維亞貿易航路的方式被消耗掉，與世界貿易舞臺接軌的同時，島嶼也面對生態劇變。

地景變遷也體現在另幅林建志所繪〈臺南全境水文圖〉中，凝視水文有如神經網絡的

Q 從展覽籌備到展出期間，覺得最具挑戰性的是？

A 在藝術裡的政治行動，我們不完全只為人權、轉型正義，不只為「人」代言，更鎖定包含非人的範圍，像是如何去為一條溪的死亡說話。

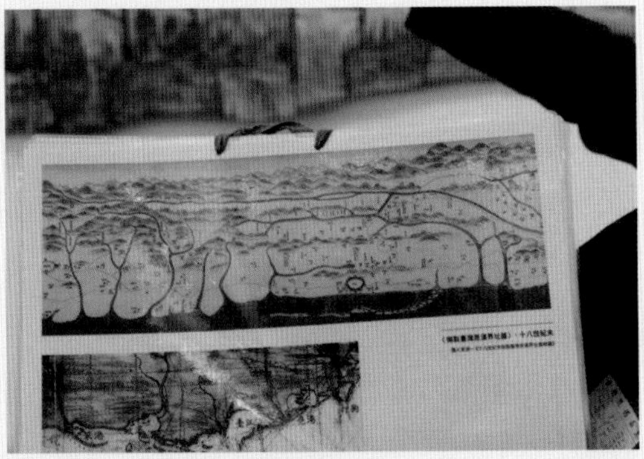

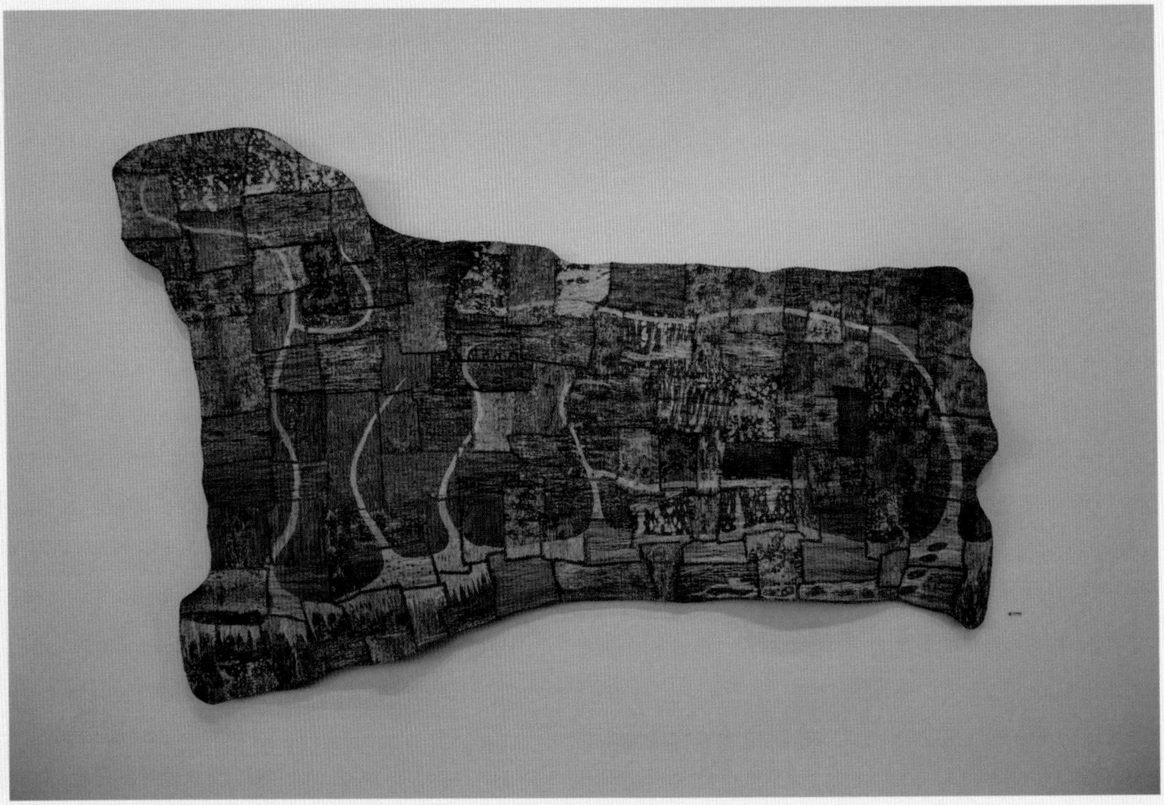

拉黑子・達立夫，〈Ka' oripan 生命空間〉

分布，交織五、六千年前山海對流的堆積，並參考現代衛星圖加上古地名，繪製出當下何以觀看城市規模的視角，好比一七二五年清代築府城城牆的城池圖，被以模糊影子呈現的府城是何其的小。

為了讓小朋友、青少年市民能具體感受到孕育臺南的八掌溪、鹽水溪、曾文溪、急水溪、二仁溪和將軍溪的河流軌跡，由童譯白主導的白鹿動畫團隊深入每一條溪的身世靈魂，設定其性格角色化身為河神，龔卓軍解釋：「從空拍鏡頭看街道，臺南有很多古溪流穿越的地方，形成現在的巷道，只是我們習慣以『乾』的方式來想像。」

當乾燥地蜿蜒行走於徐永旭的巨型陶裝置〈2019-5〉，此作品直觀地指向其泥土堆積的基礎下是水或海。在河相學中，健康溪流無非是與沙石土壤共生的，「極端氣候下的挑戰會讓人不斷質疑『乾濕分離』的思維，當所在城市如果一直想隔絕水，最後會不會反而被它全面反撲？」

開頭的「請水」，即非常細膩地以各種樣貌暗示大小朋友：生活其實是可以與水、海保持更「濕潤」的理解與交會。龔卓軍團隊逐步堆疊，將思考浸潤至多重面向。

行動的身體感，創造水群島記憶

在主題二「向海・航路」，龔卓軍笑談此展間「以高取勝」，視框超過一般展覽設計高度，「這讓我們有種在海裡面往上遠眺的感覺。」有黃恩宇老師團隊製作的熱蘭遮堡壘與市鎮VR體驗、張致中從VOC書記官船難日記發展的動態影像、中央《海口潮聲》的船型裝置，伴著與水同在的身體感，將視線擺盪向這次展覽的重要行動計畫之一：團隊邀請印尼藝術團體Taring Padi於展前進行曾文溪流域踏查，與工作坊成員以圖像留下沿岸的人事物觀察，龔卓軍補充：「油印版畫不是大量機械印刷而成，透過類似抗議海報的圖文性質，保留了行動的身體性。」以此藝術行動延展關鍵的身體感，呈現我們身處水群島(aquapelago)，與荷蘭、印尼的海洋連結。

此展另一深刻的身體感，來自於南美館對面、流經司法博物館人行道地面下的河道，「這個展覽最想提出來的新訊息，正是關於福安坑溪。」龔卓軍隨曾進行調查的古都保存再生文教基金會團隊潛入福安坑溪超過六、七回，「我們把它當作是臺南人一個未完成的、與水共生的關係探索。」

現建興國中大門旁有段未上蓋的河道，串接起展覽相關的兩日「黑水潛行工作坊」下探歷程，見證現代日常看不見的福安坑溪其實並非地下污水渠道，有乾淨的水源、仍有土虱出沒，它承載著七十歲志工小時候跨溪上學的身體記憶。當藉由其他走讀活動與萬物議會的代言討論聚集更多民眾想

Q 展覽中最喜歡或最有成就感的環節？

A 和大家鑽到福安坑溪下面去！藝術計畫才有這樣的空隙，能在法律的模糊地帶去嘗試碰觸和實驗，下去蒐集的材料能帶入萬物會議，開始談為古河流開蓋的可能。

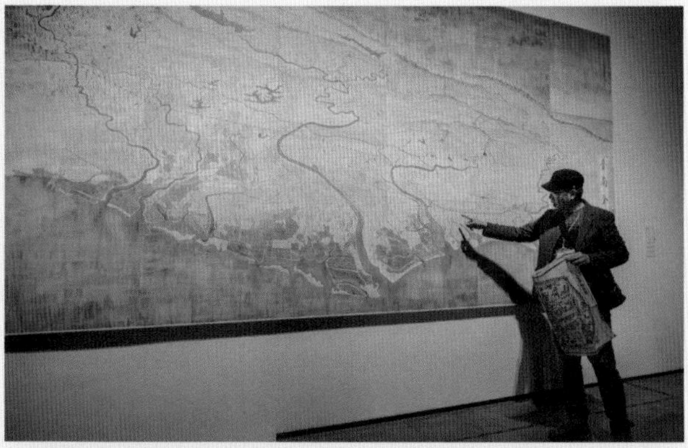

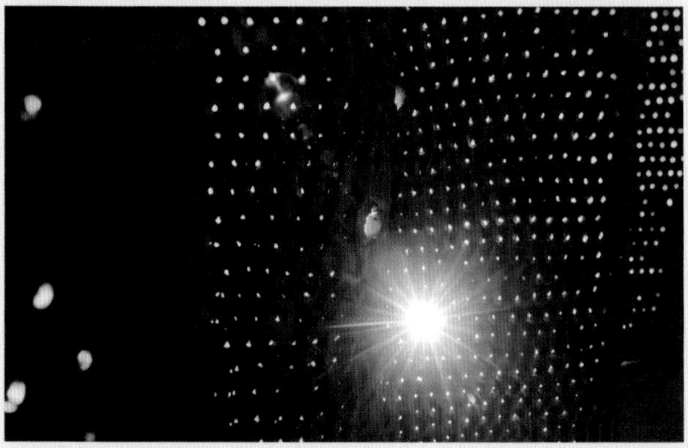

1 主題二「向海・航路」
2 林建志，〈臺南全境水文圖〉
3 徐永旭，〈2019-5〉

法，龔卓軍認為：「有時倡議好像變成在抗議，有時又好像看起來只是討論、表演一下。藝術展能擾動的，大概這樣子就好，期待能給下一步實際行動一些支持。」

用藝術撐出向當下與未來提問的空間

藝術家高俊宏組織「黑水潛行」創作〈黃色事件〉展出於「風土・眾聲」主題，前輩畫家和當代藝術家於此匯聚藝術表現裡「相互的糾纏與穿越」。而一棟透明窗、展間與建物牆面間，眾多影像作品集結為「鯤鯓・凝望」，刻意營造像走在臺南巷弄裡的景色，觀看跨世代國內外攝影家記錄因水而生的土地群像，視窗內羅列不同時代與對應地理方位的歷史足跡。

展覽收尾在「水逆・未來」主題，龔卓軍以李欣芫〈CHÍ-MOĀI 3〉為引，藝術家詩意地微觀半導體高科技工業污水處理的影像及聲音，為此展概念撐出思考空間，「水跟土的絕對乾濕分離，已經是我們這個世界的常態。半導體高科技撐起臺灣的經濟，水跟土所扮演的角色，註定要被污染性地使用，需要再透過高科技恢復水跟土的健康狀態，這樣的經濟模式是不是已到了無法折返的臨界點？」場外康雅筑〈滾時〉敘事同樣詩意溫和，實則尖銳地向當下與未來提問、省思人們跟水及污染物的環境關係。

重塑水體與生活的連結

臺南400讓大家重溫海洋史、世界貿易史，龔卓軍認為除了過往榮光，更要關注當下的現實，但城市想像總是過於「乾燥」，缺乏容納河川水體的空間，「如何重新跟海、跟河、跟埤塘等水體，更親密地連結生活，這正是『我們從河而來』從頭到尾想從各個不同角度去處理的部份。」

重新讓河流回到城市的第一步，即是不再僵固於「乾濕分離」與「人本中心」的思維，藝術展覽能以較為感性的切入點打開對話，以各種現場、以GIS共筆故事地圖，讓跨族群、跨領域的知識與想像於此匯流。

龔卓軍說起在臺南，大家與水的日常相處，常都是「下大雨時哪裡又要淹水了」的負面印象，雖有一些水空間營造，惟尚未普遍擁有好好跟水相處的空間場域。期許以此年度展覽加入公民倡議的形式，帶動公部門增強處理城市問題的支持力道，「我們透過藝術展覽與行動來發出聲音，從水環境的議題來關心生活，讓市民、市府及非營利組織間形成的三角關係能更平衡一點。」

我們從河而來，也許無關於即刻找到解方，而是擁有勇氣繼續嘗試創新思維與面對問題，打開對政治體制、未來環境的省思和想像——想像我們生活於一座漂浮海上的城市，所建起的建築能不能視為船隻？浮動擺盪如是共存下的挑戰，一同重新向水之兇猛與柔軟學習些什麼。

Q 如果能重新策展，想調整或改善的部份？

A 原本想在二館建築外，用攝影裝置或光雕投影置入八至十個影像到不同方位的突出牆體上，民眾從館外就可看到影像所構成的有關臺南400的新敘事。不過後來因經費有限，加上這些攝影裝置或光雕投影等於暫時改變建築物樣貌，須與日本建築師來回討論，在種種考量下作罷。

Q 有沒有與臺南河流相關的書籍、電影可推薦給大家？

A《溪說臺南──曾文溪的地景與人文》、《穿越鄉土 尋訪埤塘》，這兩本書有大家比較不熟悉的臺南。影片部分，推薦展期間有放映的《北將七》、《沿河》和《源源曾文溪》。

1「鯤鯓・凝望」以攝影作品看見常民的容貌與那些和溪流有關臺南記憶
2 康雅筑，〈滾時〉
3 李欣芫，〈CHÍ-MOĀI 3〉

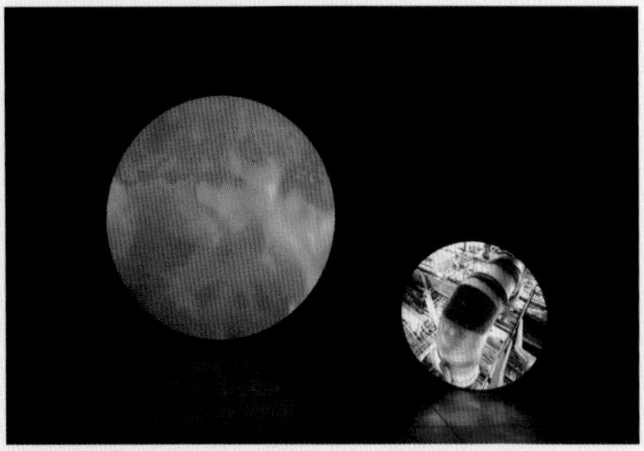

Read More 展間內外的行動

（圖片提供／日青創藝）

工作坊｜Taring Padi 流域多物種版畫工作坊

印尼藝術團體Taring Padi成員Fitriani、Ucup受邀在二〇二四年五月十一日於臺南官田拔林，由陳冠彰與當地青農胡育旗、陳鴻偉帶領踏查，連結曾文溪中游流域，透過與在地居民及參加學員共同創作版畫來留下觀察。另一場在五月十五、十六日，跟著鄒族獵人Basuya及文化工作者陳冠彰往曾文溪上游的茶山部落去，不巧多位居民為了生計，當天得採轎篙筍而臨時缺席，不過，筍子沒有缺席地被刻在版畫上！除了於分享會發表，旅程記錄與共創版畫也在展期間展出，將行動匯聚為「牽起流域的生命與希望」。

走讀｜聲音行走

由定居臺南的澳洲聲音藝術家Nigel Brown與文字創作者吳比娜帶領大家行走五條港地段，白日場涵蓋五條港的邊陲區域，夜間場則走往河港中心。有別於一般走讀活動，參加的民眾必須靜默行走，移動間重新探索城市的聲響：冷氣機、腳步聲、腳踏車聲，感受「寧靜又喧嘩」。Nigel更在途中邀請學員運用物件創造聲音，以GPS結合聲音定位來聽見五條港地圖。走讀一小時後回到Nigel共同經營的「聽說聲音工作室」，吳比娜揭祕五條港歷史，學員分享彼此的聆聽之旅，為城市留下記憶之河。

討論｜萬物議會：河道重現——臺南400萬物之願

源自國哲學家布魯諾・拉圖爾（Bruno Latour）的倡議，不同背景的人們，若嘗試為人以外的事物「代言發聲」，會帶來如何具有知識性及想像性的激盪？深入理解人與環境是共依共存的生命體，讓萬物有機會往一種共好合作的狀態前行。二〇二四年八月十七、十八日，在南美館二館跨域展演廳所進行的萬物議會，主題延伸自潛入福安坑溪的行動，十九位議員以各自專業背景為土砂、府城的地下水等物種代言，發表對都市裡「河道重現」的看法，不僅是跳出藝術同溫層的想像，還是場福安坑之夢的對話。

論壇｜國際論壇

於二〇二四年九月十三、十四日在南美館二館跨域展演廳進行的國際論壇，首日聚焦於流域治理，邀請荷蘭和日本分享城市規劃與生態治理相結合的經驗、公私合作的運作模式。第二天聚焦於流域文化，馬來西亞講者分享在港口城市貿易經濟發展下，如何維持聚落、保存歷史與河海生態間的平衡。臺灣講者則從地質考古視角，探討臺南地理風貌、城市發展歷程與河流之間的深層聯繫。極端氣候下，同樣面對生存挑戰，在這場跨界的對話平臺，從國內外的治理經驗中汲取靈感，為解決之道尋求新視野。

透・南城

親探一座城市的記憶與身世

文字－朱乃瑩　圖片提供－叁式有限公司

作為臺灣最古老的城市，臺南過去的四百年，微縮著臺灣走向世界的歷史。臺南美術館展出的「透・南城：城市穿行四百年」特展，以線性的時間：向海（荷蘭）、見地（鄭氏）、築城（清領）、視界（日治）、眺南（現在）、遙境（未來），搭配不同時期的地圖、文物，同時呈現地理疆界與人文脈動，見證臺南的時空尺度變遷。本文邀請蔡宜伶策展人娓娓道來，他們如何結合人文史料與AI科技，開拓想像的邊界，在真與幻之間凝望臺南的過去與未來。

蔡宜伶

《透・南城》策展人，數位體驗團隊「叁式」創意企劃，曾參與策畫2023台灣設計展《破力》、2022台灣設計展《LOG ING 登入元宇宙》等展覽。

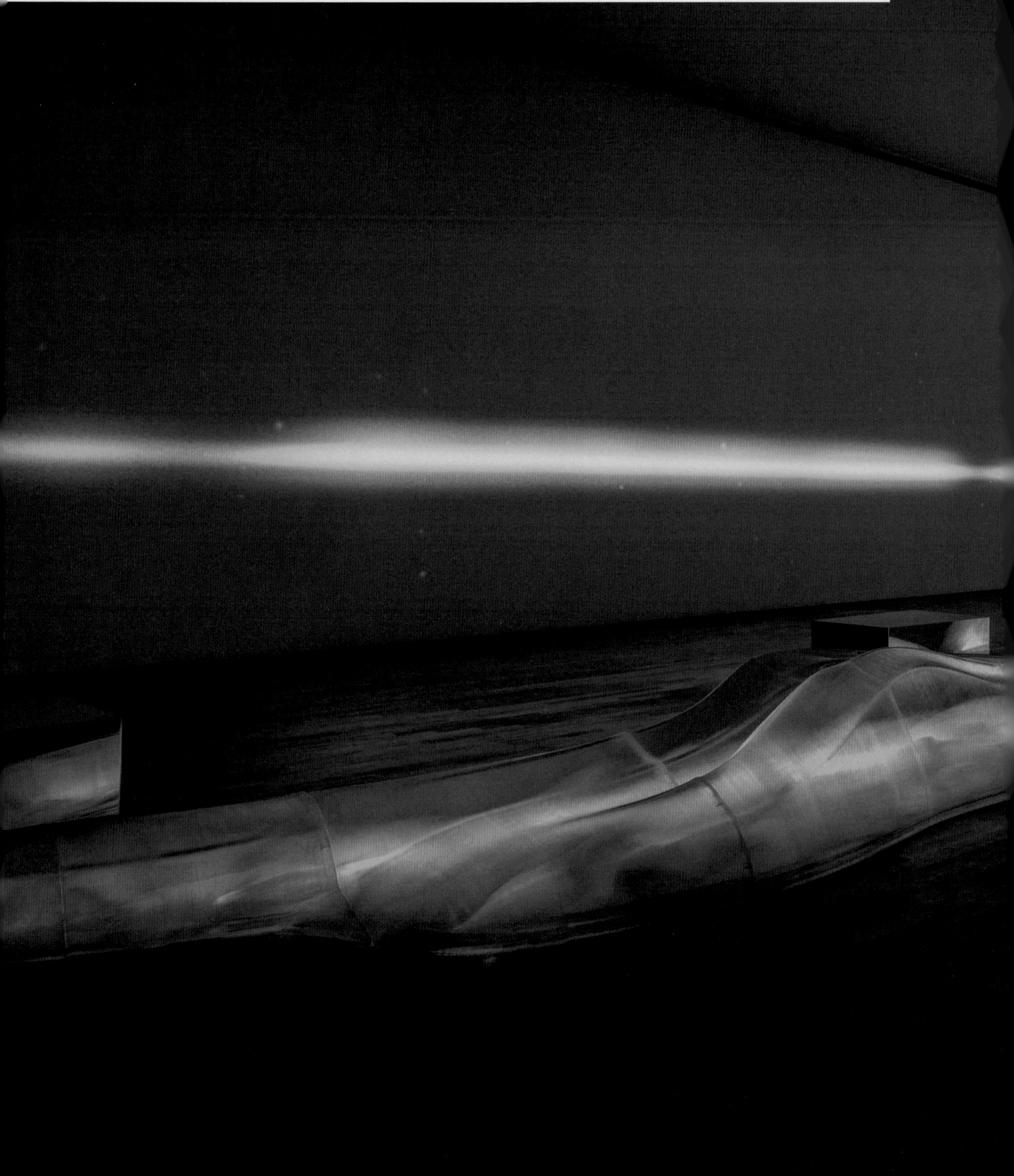

透・南城：城市穿行四百年

時間｜2024.7.5～9.1
地點｜臺南市美術館一館

由叁式有限公司、樸實創意設計有限公司，共同打造臺南四百年城市歷史的沉浸式體驗。

「四百年是很長的時間，要怎麼在有限的展覽空間裡取捨，這是最大的挑戰。」策展人蔡宜伶回憶起這檔展覽最讓她感到棘手的地方時，這麼說道。

「透・南城」展覽涵蓋的時間橫跨四個世紀，從一六二四年的荷治時期開始，經歷鄭氏、清領、日治等歷史階段，直到現代與未來。解讀城市的過程中，策展團隊逐漸發現，每個時代的治理者，各有不同的經營重點，於是他們把這些主題提煉、濃縮成單字，成為個別展間的名稱。

首個展間作為這場時光之旅的導讀，利用六塊分別描繪六個歷史時期的壓克力板，共同構成一幅「臺江內海」。每塊壓克力板各自以繪製地圖所用的象徵符號，進一步呼應時代主題：荷蘭時代是海圖上的深度標示、鄭氏時期以點象徵屯田、清代以圓形象徵軍事建築、日治以矩形象徵工業、現代以數據呈現人口分布與交通建設，最後則用線段與鯨魚致敬未來。隨後的六個展間，則對應到各自的時代，透過地圖、文物、影像，甚至AI窗景等元素，展示臺南在各個歷史階段的獨特面貌。

穿透城市的時空界線

展名之所以叫《透・南城》，即是希望觀者從四百年前開始，走過一個個展間時，實際上也用身體穿越四個世紀以來的城市演進，既看透也穿透。蔡宜伶強調，城市的疆域、功能、甚至名稱都在不同時代有所改變。策展團隊選擇以「地圖」解讀一整個時代，這得益於臺南自荷治時期就累積了豐富的地圖資料，一幅具代表性的城市地圖，足以快速地讓觀眾一目瞭然。從早期僅有臨海的大員（今安平）市鎮，到現代懷抱山海的大臺南，都可以透過地圖直觀地看見城市尺度的變化。

地圖不僅記錄了城市的空間樣貌，也反映治理者對於城市的理解與規劃，是蔡宜伶眼中最適合呈現時代風貌的展件。例如，一幅十七世紀的地圖安置在「向海」的展間，此時臺南剛進入「大航海時代」的歐洲視野，被荷蘭人作為轉口貿易據點，而並非需要仔細營建的城市。這個背景影響了城市的疆界，使得早期的臺南疆界僅在於今日安平、赤崁樓一帶的市鎮。

而一幅日本時代的鐵道地圖，可以看出日本政府為了經營資源而佈建鐵路的治理思維；臺南也在此時蛻變為現代城市，有了都市計畫、圓環與格狀道路，以及自來水、下水道、電力等城市基礎建設，觀者也可以從一八九五、一九一一、一九二八等不同年份的地圖，看見城市佈局的變化。

策展過程中面臨的最大挑戰，是如何在有限的展覽空間內，展示跨越四百年的臺南歷史，這需要與與市府單位、各方專家頻繁討論。如何避免展覽變成無趣的歷史課本，則是另一項挑戰。蔡宜伶強調，展

臺南州廳

覽需要有觀點的陳述，而非單純堆砌歷史事實。例如不能只是陳列一樣荷蘭時代的建材，而是進一步分析在當時選用這項建材的條件、工法，進而連結到治理者的意圖，才能讓觀眾理解歷史背後的故事。讓歷史不生硬、讓科技不冰冷，這是本次展覽的極致追求。

以數位科技呈現城市歷史印記

《透．南城》展覽大量運用數位科技與多媒體素材，重新詮釋這座城市數百年的風華。蔡宜伶笑稱，用科技融合各種主題，本就是叁式團隊立足的根本，這次更嘗試突破傳統展覽形式，打造多種層次的沉浸式體驗，讓觀眾透過科技去感受古老臺南的魅力。

為了完整呈現城市肌理和歷史演變，策展團隊花了兩、三個月的時間，廣泛搜集並消化資料。蔡宜伶提到，他們一開始從客戶那裡獲得基礎資訊，但這些資訊無法直接搬到展場，需要經過轉譯。團隊讀

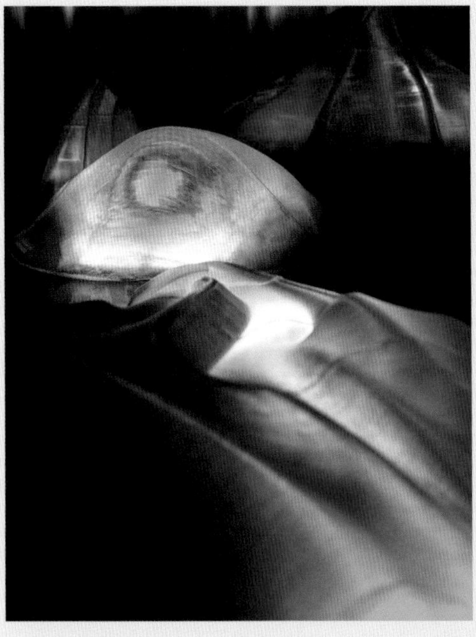

了大量跨領域書籍，與文學、歷史、都市規劃等不同領域的顧問密切合作，還實地走訪臺南街區，身歷這四百年留下的痕跡。

這些資料盤點與積累，讓本次展覽得以完整呈現城市肌理和歷史演變。「在閱讀荷蘭總督的日記時，發現當時臺南的居民其實比你想像的更國際化，包含馬來西亞人、日本人、漢人都曾在這座城市生活過、夢想過。」在安平小巷考察的經驗，更使蔡宜伶格外驚喜。帶領走讀的學者當時指著一道牆垣，一一解釋最下層屬於荷蘭時代的工法，往上則是清代、近代的遺構。歷史堆疊就這麼砌在毫不起眼的小巷裡，正是臺南的獨特魅力。

為了讓觀者進入策展團隊創造的世界，展覽的燈光及音樂也經過精心安排。在不同敘事時選用冷色系或暖色系的燈光，團隊相當留意不讓音樂成為干擾。燈光、音效、視覺都是「為了說故事而存在」，「重

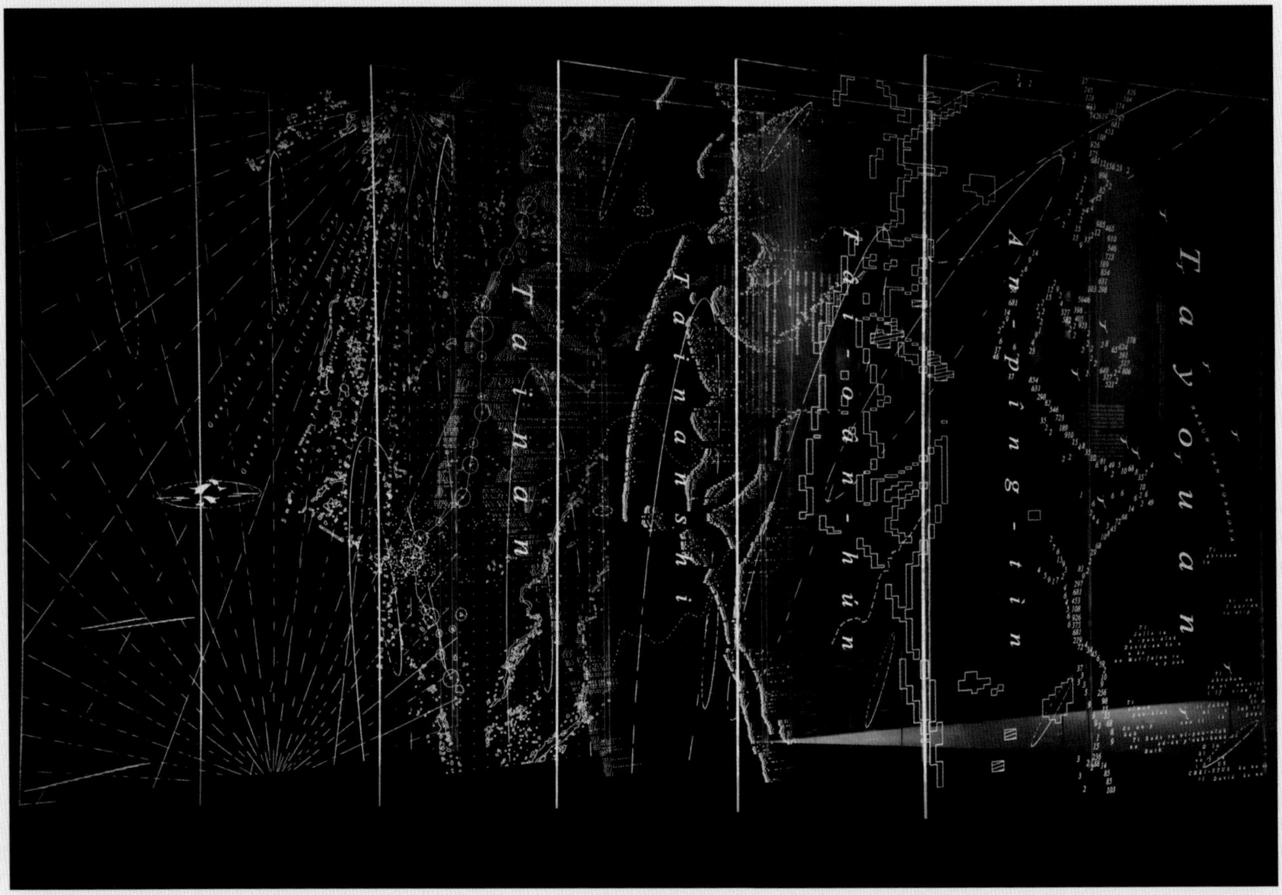
Tayouan
An-pîng-tìn
Tainanshi
Tainan

點不是燈光多搶眼、音樂多好聽，而是必須相輔相成，提升觀看的感受與氛圍。」

蔡宜伶最喜歡的展間，是最後一段關於臺南國土規劃與未來的「遙境」沉浸式劇場。這也是策展團隊最具挑戰性的嘗試。蔡宜伶笑說，「國土計劃」是設想土地、產業可能面臨的挑戰與風險，進而規劃、預想因應之道。為了方便觀眾進入這麼嚴肅的政策討論，團隊最後選擇用高整合性展件，轉譯國土規劃。

在視覺建構上，叁式與3D列印團隊ROSO合作，製作出抽象性的臺南地景，用精心設計的燈光與投影，在3D結構上幻化出臺南的山脈、潟湖、河流、海洋。同時請託出身臺南的黃信堯導演用優美臺語擔任旁白，悠悠道來五個章節的故事，遙想臺南在未來環境變遷下的人地互動。隨著故事情節發展，燈光與投影帶動的整體氛圍也隨之變化，將觀眾帶入一個既抽象又寫實的臺南。

蔡宜伶特別強調，這一展間雖然被賦予「智慧城市」的命題，但團隊希望避免典型的科技感，改採詩性的方式表達臺南的人文之美。

人工智慧技術指向的策展新可能

「國外已經有許多利用AI協助考古的案例，包括辨識古文字、生成歷史地貌，但臺灣還較少有相關的嘗試，這也成為策展靈感來源。」

AI技術在此次展覽中的表現，打開了策展及歷史詮釋的全新可能性。蔡宜伶指出，AI能夠讀取海量資訊，並以人類還未能理解的方式，找出資料間的關聯，從而呈現出新的歷史視角，給予了策展人更多創作的自由。

例如他們特別在從荷蘭到日治的四個歷史展區，都規劃有AI生成的「窗景」。「讀了歷史人物的日記，就會好奇他們每天看到什麼。」策展團隊將歷史人物的日記，轉換為指揮AI的提示語（prompt），進而生成動態的歷史風景。雖然無法百分百還原當時的場景，但團隊在歷史顧問的指導下，盡可能調整明顯的偏誤，並提示觀眾這是「AI想像的風景」。

「AI生成的東西我們不會拿來就用，而是要來回調整，那就像是跟人對話的過程。」策展團隊在與AI「對話」的過程中，不斷重新思考如何詮釋歷史，並讓這些歷史能夠更具當代意義地被呈現。

沙鯤漁火點亮的城市盼望

此次展覽中的沉浸式劇場，是對未來臺南的一次大膽想像，而這種想像不僅僅是基於當前的科技與資源，更是基於對於環境、文化與人類需求的深入思考。穿透城市的歷史層疊，重新思索人與城市、科技與文化的關係，並在這其中，找到未來的答案。

《透・南城》展覽不僅僅是在回顧臺南的過去，也在思索城市的未來。蔡宜伶認為，臺南是一座有著深厚歷史堆疊的城市，未來也還會有無數的人在這裡生活，「荷蘭人、鄭成功、日本人來了又走了，但這座城市一直海納百川，這種包容和接納，相信以後也會繼續下去。」

在「遙境」劇場的故事結尾，團隊讓「鯤鯓」出現在遠方海面，以致敬臺南的過去，同時也遙望著臺南的數十、數百甚至更久以後的未來。

TAINAN400 FILE ——— 23

未南時空 Future Time Gate

時間｜2024.10.26～11.10
地點｜樹谷生活科學館

鑫囍創業有限公司策畫，透過數位互動展示，指向臺南作為智慧城市的未來樣貌。

TAINAN400 FILE ——— 24

臺南400－運動嘉年華

時間｜2024.9.7～9.29
地點｜臺南市立田徑場「體育之心」廣場

臺南體育總會策畫，透過豐富的實體運動體驗與靜態展示、虛擬的AR科技運動競賽等活動，推廣體育活動。

對話未來

結語

AFTER 400

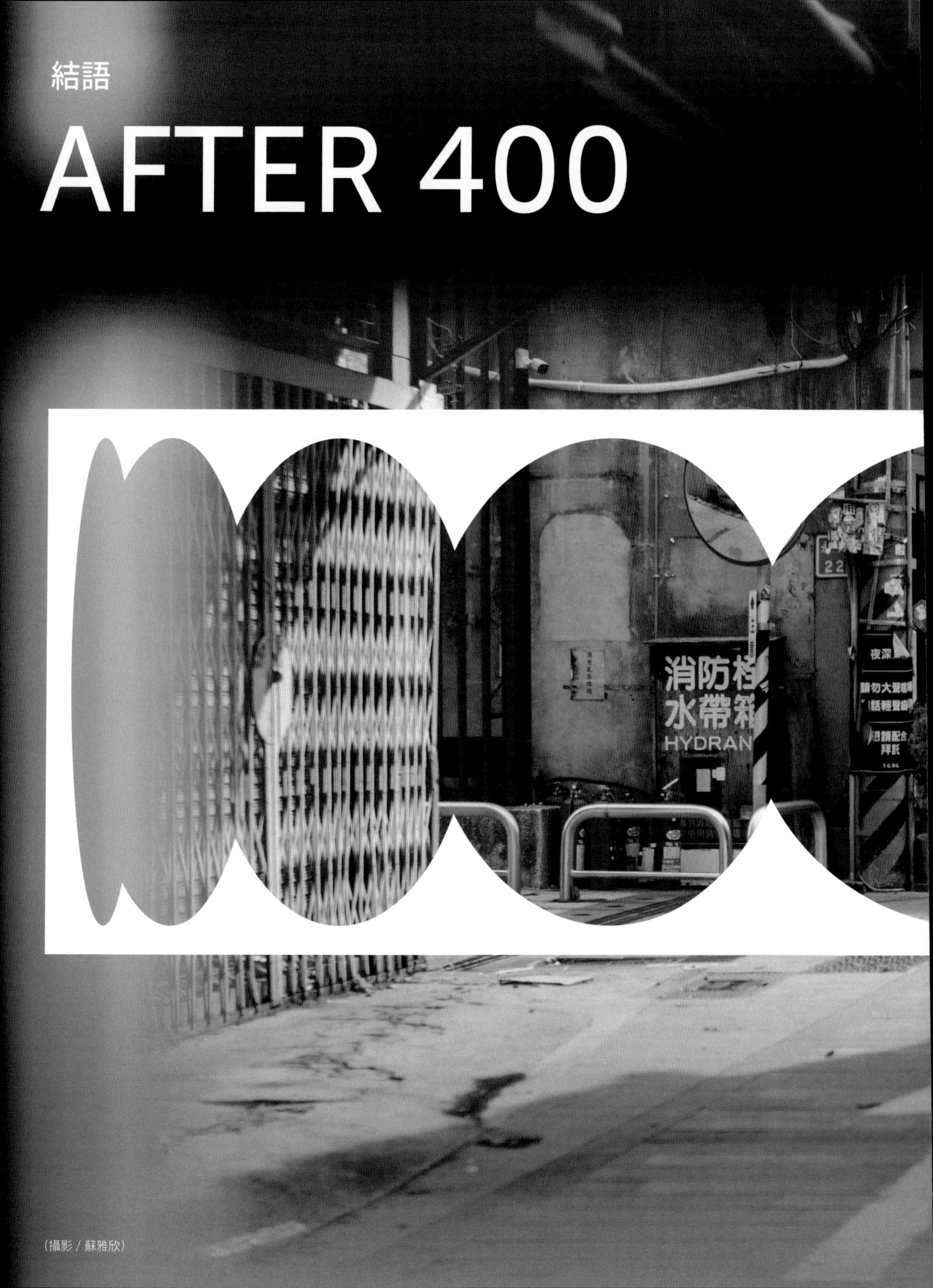

(攝影 / 蘇雅欣)

寫在臺南400之後：此刻及其後的三個關鍵字，韌性、創新、指向未來

文字—李律　攝影—王人傑

「臺南400」落幕了，但這並非結束，而是另一個開始。在這場盛會拉上終幕之際，副市長葉澤山、建築學者傅朝卿與文化局長謝仕淵同坐一桌，暢聊對於臺南地方文化的想像，以及對文化政策和文化治理的看法。他們希望透過彼此激盪、思索那個永恆課題的解答——未來的臺南古都與文化發展，將走向何方？

臺南市副市長 葉澤山

國立中正大學成人及繼續教育學研究所畢業，歷任臺南市政府文化局長、副局長、臺南縣政府文化處處長等，擔任文化局長任內積極推動臺南縣市合併後各區文化建設，弭平城鄉文化資源差異。

國立成功大學建築學系名譽教授 傅朝卿

長期專注於臺灣近現代建築史與文化資產保存維護工作，多年來以世界與臺灣近現代建築及文化遺產保存為核心研究主題。長年參與臺南文化事務，對臺南城市的發展與文化保存面向影響深遠。

臺南市文化局局長 謝仕淵

國立成功大學歷史學系副教授，借調出任文化局長，曾任國立臺灣師範大學臺灣史研究所兼任副教授、國立臺灣歷史博物館副館長，研究專長為臺灣近現代史、物質文化、飲食文化與運動文化史。

喚起城市的驕傲感

一切要追溯到二〇一〇年臺南正式縣市合併、整合成一個全新的直轄市時，那是臺南400的起點。那時候，時任市長的賴清德希望透過舉辦一個盛大的活動，來讓彼此還有一點生份（tshenn-hūn）的舊臺南縣、市民，能為了同一個目標一起努力。問題是，該舉辦什麼樣的活動？

「有同仁發現，日治時期曾為『臺南建城三百年』舉行過紀念會，換句話說，在一百年後盛大慶祝臺南建城四百週年，無論在歷史的定位上，或在臺南的城市治理上，都有著非凡意義。」葉澤山副市長如此解釋臺南400的誕生。只不過人算不如天算，遇上疫情，許多準備工作只能先暫停；等到疫情終於結束，不但時程有些來不及，大多市民對此事的注意力也不甚熱烈。直到今年臺南400的各項活動陸續開跑，市民熱度才逐漸加溫，參與率漸漸提高。

葉澤山舉例，近來發現許多民間舉辦的活動、甚至廣告，會自發性地掛上今年臺南400的活動主視覺Logo，他笑道：「其實掛Logo是要向文化局申請的，但是民眾自發掛上Logo，市府當然樂觀其成。」他也以甫受邀參加的「臺灣海洋國際論壇」為例，在該論壇中同樣發現這次臺南400的Logo，可見不管是從政府到民間、產業到學界，臺南400的影響力幽微但確實地鑽入臺南市的角落。

葉澤山的觀察角度，即是市民的認同與驕傲感。「因為臺南400，而讓舊市區與舊縣區的臺南人，都能以身為臺南人為榮」——這便是臺南400在市民認同感建構上，努力想做到的。

不是為了凝望過去，而是看向未來

除了凝聚市民的初衷，傅朝卿以文史地景的角度，這麼觀察臺南400——回想十二年前，時任文化建設委員會主委的陳郁秀曾來到臺南林百貨參加活動，傅朝卿當時便向主委提出「臺南400」的概念，成為最早的計畫雛形。有趣的是，他的概念迥異於一般人對於臺南古都的印象，他認為：臺南400最重要的意義，其實指向未來。

「四百年是一個巨大的歷史向度，在這四百年中，臺南的地理、水文和聚落都經歷極大的變化與發展，市民對於四百年來的地貌轉變是否有一定的認識？當大家好好思考這座城市如何走過四百年，才能想像接下來應該繼續往哪裡前進。」

傅朝卿以日本古都京都為例，京都歷經

京都處處保留過去的痕跡，如幕末時期薩摩藩島津家在京都的據點雖早已成為普通民宅，但路邊仍立著「小松帶刀寓居跡」石碑。（圖片來源／Kokoron78，CC BY-SA 4.0授權 via wikipedia）

地貌物換星移、滄海桑田，但我們依舊能捕捉這座城市的都市紋理，與歷史刻劃的痕跡。

了一千兩百多年的發展，從城市輪廓到地形地貌都劇烈轉變，但走在京都街頭，仍可發現許多遺跡、石碑或告示，訴說此地以前的樣貌、古地名為何、當時的城市邊界到何處。所以，即便京都隨著時代進程演變為現代化城市，此類遺跡與碑文，仍時時提醒著大眾——京都的歷史是多麼深厚，人們始終與這些古老的歷史共存。

「臺南四百年歷史，同樣顯現在地理特徵中。」隨著傅朝卿的比畫，眼前彷彿浮現數百年間的臺南：臺南曾是七座小山構成的，山的地貌蹤跡何在？四百年來，臺南海岸線大幅度移動，還能指認出道光年間的海岸線在哪裡嗎？臺南的一條街過去每段可能都有不同名字，最後被整合成單一街名，能不能把這些古街名註記在現今路名路牌之下，讓市民也能從日常告示中了解這座四百年城市的歷史？

「地貌物換星移、滄海桑田，但我們依舊能捕捉這座城市的都市紋理，與歷史刻劃的痕跡。」

「四百年前」與「四百年來」，兩種時間感

「臺南４００的時間意義有兩種：一種是『臺南的四百年前』，另一種則是『臺南這四百年來』。」謝仕淵另闢蹊徑，以時間感為起手式，談論起臺南４００。

關於前者，謝仕淵以高雄師範大學吳中杰教授的研究為例。[1] 談到客家歷史與客家研究，臺南其實並非臺灣主要的客家聚落分布區，但吳中杰在研究中發現，一六二四年熱蘭遮堡成立的當下，臺南原來已經有客家人存在，此一發現也為客家研究帶來全新的視野。

至於後者，謝仕淵則以發生在自身周遭的小故事為例，說明何以四百年的時間感是關乎所有臺南市民的普及概念。「曾有經營民宿的朋友希望能從民宿建築出發，追索其經歷的歷史，同時也有年輕研究者在做臺南聲音地景的調查。這些有趣的研究都是以市民生活為基礎，扎根並建構出的時間觀，之後慢慢匯聚、成為一個最重要的觀點，也就是歷史觀。」

不只如此，四百年的時間追索，還有著學界的參與。成功大學黃恩宇教授做了熱蘭遮城歷史復原研究，[2] 傅朝卿、劉益昌和李德河等多位教授也完成熱蘭遮城堡試掘調查研究，[3] 透過歷史的證據，當代學者逐步釐清十七世紀的歷史細節，從而梳理出一條清晰的脈絡論述。如此一來，能幫助臺南人進一步釐清自己的家族、居住的地域等微型歷史，並以此為基礎逐步建立各種歷史調查資

[1] 國立高雄師範大學客家文化研究所教授吳中杰在臺南４００系列展演活動「１６２４講堂」中主講「客家人在臺南地區的早期發展（１６６１-１７２１）」。

以市民生活為基礎扎根並建構出的時間觀，會慢慢匯聚、成為歷史觀。

[2] 指二〇一七與二〇一八年，國立成功大學建築學系教授黃恩宇執行的科技部「從〈１６４３年熱蘭遮市地籍登錄簿〉探討十七世紀臺灣熱蘭遮市鎮的城市空間與街屋建築」研究計畫。

[3] 指二〇〇三年及二〇〇六年，由傅朝卿、國立成功大學考古學研究所教授劉益昌與國立成功大學土木工程學系教授李德河等團隊執行的「王城試掘調查研究計畫」。

料，再透過一套共享方法，於各個領域的書寫當中，逐步匯聚成一個巨大、可互通的書寫系統。

這是一個相當龐大的理想，其累積的巨大歷史基業，放在明年即將舉辦的臺南府城建城300年紀念活動，同樣也會是很重要的歷史脈絡書寫系統。

文化資產的「人性」、「韌性」與「創新」

說到臺南400年與臺南這座城市的重要魅力，不可不提的是文化資產。但與「老房子就是需要保存」的刻板印象不同，傅朝卿引述聯合國教科文組織在二〇二二年〈世界遺產公約〉(Convention Concerning the Protection of the World Cultural and Natural Heritage) 五十週年紀念時提出的主張，他們認為世界遺產的維護必須秉持三大原則：人性、韌性及創新。

第一，所謂的「人性」就是以人為本，從人的角度去感受與體會世界遺產的豐富價值。其次是「韌性」，分為氣候韌性及社會韌性。在目前極端氣候益加頻繁的時代，世界遺產本身應具有能適應及對抗極端氣候的韌性，遺產的管理維護者必須從更永續的環境觀點，維持及營運世界文化遺產。所謂的社會韌性，指文化資產的保存並不是服務懷舊情懷，而是為了當代社會甚至指向未來而做，其更大的任務是啟發當代與後代子孫。

最後，三大原則中最關鍵的一點是「創新」。就像植物會抽新芽與新陳代謝，人造物也是相同道理，隨著時間推演，建築物一定會像有機物般產生變化，並非「復舊如舊」就是最好。「我們常認為文化資產的復原就好像一個凝縮的時間膠囊，從此以後把時間封存在某個時點。但事實上，在真實世界裡時間是不斷流動的，換句話說，一棟建築物不可能永遠維持最初的面貌。」

好比大英博物館、羅浮宮廣場和柏林國會大廈等建築，都是新舊合併的著名建築。又如荷蘭阿姆斯特丹的水晶屋（crystal houses），原本的歷史建物是百分之百磚造房，但建築師以透明水晶玻璃材質取代紅磚，雖是以傳統工法重構，但卻賦予整棟建築全新的面貌，古典與時尚摩登並存的風格更受到國際精品品牌的熱愛，過去是為香奈兒量身打造，目前則是愛馬仕專賣店。

「建築物是活的、文化資產也是活的，一旦人類沒辦法在其中生活，它就等於被宣判死刑。」人造物與文化資產都是「活著的」，設立文化資產的目的，最終不是為了緬懷過去，而是指向當代與未來。對傅朝卿而言，建築其實就像人的身體，牙齒掉了可以植

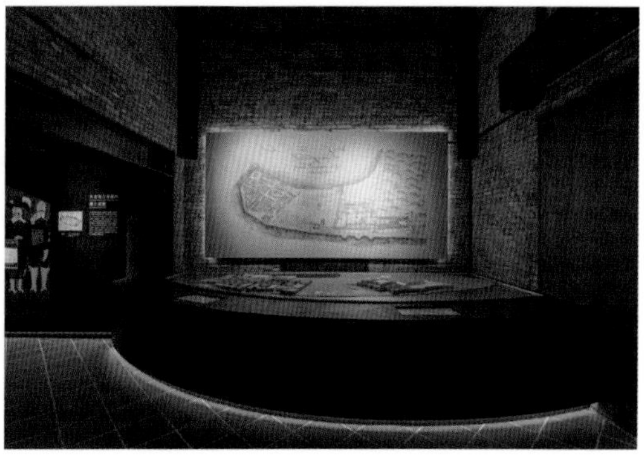

黃恩宇長年研究熱蘭遮市鎮與熱蘭遮堡的空間重建，並於二〇二三年更新熱蘭遮博物館常設展時展出十七世紀熱蘭遮堡與市鎮的復原平面圖及虛擬模型。

近五年來劉益昌帶領團隊於臺南安平考古，其成果展示於二〇二四年臺南市文化資產管理處舉辦的「考古埕—尋找熱蘭遮市鎮」展中。（圖片提供／朗敘設計）

牙，那麼建物為何不能在文化資產保存過程中換上全新的零件？

保存工作之艱難

不過，正因如此，從事文化資產保存工作時常遇到兩難。例如目前已成為臺南重要地標的臺灣文學館，曾在整建過程中提出增建方案，孰料卻引來反彈。反對者強調，原本主建物後方的公廁及車棚等臨時性的附屬建築，也是歷史記憶的一部分，不應為了增建室內量體而拆掉這些附屬建築。後來經過非常驚險的表決才通過增建案。

另一個例子則是原臺南州會，保留了日本時代的州會建築，但戰後增建的現代主義式舊臺南市議會卻全數未獲保存，傅朝卿感到相當惋惜。他認為，不同時代的歷史建物映照出當時的生活特徵，但或許有些人會將日本時代建築視為瑰寶、國府時代建物相對沒有保存價值。這些案例，都反映出不同文化保存觀念所造成的差異。

「延續傅老師所提到的，目前文資保存議題最大的障礙，是大多數人對保存原則尚未建立共識，而臺南恰好是市民對文化資產與歷史文物普遍有一定光榮感及關注度的城市。這也使得文資爭議往往演變成各說各話，難以取得共識。」葉澤山指出，正是源於臺南人的歷史光榮感，地方媒體、民眾與民意代表都會施加壓力，讓文化政策本身受到各方勢力左右。

「過去，我們原本預計在赤崁樓遺址原地打造下挖式博物館展示遺構，這是個非常創新而大膽的嘗試。但隨著愈來愈多遺構出土，以及不同文史觀念的碰撞，要在各方歧見中達成共識極度困難。妥協的結果是，將原本下挖的空間再回填，將遺構暫時封印在地底。[4] 這是難以取得共識的遺憾結果。其實沒有人是壞人，大家都有著對文化的不同想像，只是要想出一條能夠對話、彼此說服的路。」

都市整體文化治理的新思維

對於臺南各地豐沛的文化能量，還可以有什麼不一樣的想像？

對傅朝卿而言，目前臺南的民間活動充滿活力，各地廟宇、文史團體或街道自助會一整年都會自發舉辦各式活動。一來數量眾多，二來單一活動的影響力有限、活動範圍相當限縮。孔廟辦孔廟的、武廟辦武廟的，不同單位各自耗費心力，很難聚集成巨大的綜效，市民也可能因為辦理眾多活動而心力

阿姆斯特丹的水晶屋以玻璃磚改頭換面（圖片來源／Ceescamel，CC BY-SA 4.0授權 via wikipedia）

柏林國會大廈經歷過一二戰與東西德冷戰的洗禮，於一九九〇年代末重建，保留原有外牆並增加了象徵透明、民主和開放的玻璃圓頂。（圖片來源／Daniel Schwen，CC BY-SA 4.0授權 via wikipedia）

[4] 二〇〇〇年，臺南市政府將臺南府城十字大街至西門舊城與成功路之範圍劃設為「赤崁文化園區」，赤崁樓則作為主要基地區域。後在二〇一六年推出赤崁文化園區再造歷史現場計畫，但隨著大量遺構出土，工程延宕停擺，後依照文史工作者建議變更計畫，決議不蓋博物館、並將遺構回填覆蓋。

交瘁。

「有沒有可能以城市的整體觀點，重新規劃一年之中整個臺南市各地舉辦的活動？」他以法國的亞維農藝術節與蘇格蘭的愛丁堡藝術季為例，兩者都是約莫為期一個月，整個城市最重要的活動都集中在這一個月內舉辦。如此可以將所有資源整合，並妥善地分配運用。辦一個月的活動幾乎就能維持這些文化業者一整年的生計，也能集中外來遊客的觀光效益、降低對城市的消耗與傷害。

「若臺南各類型的藝術活動與文化祭典能參考國外藝術季或京都祇園祭等祭典形式，將時間集中、範圍擴大，有效地運用資源，或許可以使臺南的觀光效益發揮到最大。」

想像臺南500，放眼下一個百年

放眼下一個一百年，謝仕淵提出一個非常有趣的概念：如果此刻回到一六二四年的時空，我們會發現當年那些跟著荷蘭東印度公司艦隊來到臺灣的荷蘭人，其實都是年輕人。他們有著征服大海的美夢，也必須適應驚險的海相與充滿凶險的海上生活，所以這些來到遙遠的東亞追夢的人們在一六二四年所開啟的臺南故事，其實是一群年輕人在陌生土地追夢的故事。

「這麼說來，臺南面對下一個一百年應該要繼續勇敢地向前看，就好像四百年前那些年輕人們，在臺南這個角落相遇時，擁有那樣大膽無畏的追夢精神。」

傅朝卿則認為，在未來一百年中，除了挖掘更多文化資產的歷史意義，更要放眼新建設。他特別以全臺灣最古老的佛寺臺南竹溪禪寺為例，他當初與竹溪寺持續溝通了近二十年，最後說服寺方不要再整舊如舊地造出一件復古建築，轉而用「放眼下一個百年」的眼光，融合當代精神，打造出一座在未來也能傲視群倫的建築。竹溪禪寺於是蓋出了最現代化的全新山門與大殿，但裡面卻也供奉著全臺灣最古老的靈骨塔。[5]「希望能透過像這樣新舊交融的手法，整建出在下一個百年能讓臺南市民自豪的建築。」

葉澤山思索的，則是一個近期的未來願景。目前臺南捷運已完成綜合規劃，在可見的未來，臺南捷運將會陸續發包、建設完工；而兩年後，臺南鐵路地下化工程也將全部完工，臺南市區會出現一條長達七公里的綠園道。特別的是，這條綠園道在一開始的前期規劃中，便是由文資處擔任統籌者，從生態環境及人文觀點來規劃未來臺南市區最重要的軸線，這在全臺灣各地都是從未有過的全新嘗試。此外，鐵路地下化完工後，原本臺南前站與後站的車站特區會成為一個全

臺灣文學館落成於一九一六年，前身是日治時期的臺南州廳，後於一九九七年整建，整建過程經歷大量討論與折衝。（圖片來源／大三司，CC BY-SA 4.0授權 via wikipedia）

植物會抽新芽與新陳代謝，人造物也是相同道理，隨著時間推演，建築物一定會像有機物般產生變化。

5 竹溪寺整體建築原為北方中式建築，因建築老舊積水而決定重建，由住持資定師父委託傅朝卿團隊先期規劃，群甡聯合建築事務所設計、施工。

新的車站圓環，前站與後站市區也能因此縫合。這些劃時代的規劃思維，都是以百年為思考的施政觀點來擘劃。「目標就是希望在一百年後，臺南仍會是一個以長遠的歷史觀自豪、令臺南市民永遠保有城市光榮感的歷史名城。」

越是積累古老資產的城市，越是著重創新。從千年古都京都孕育的高科技企業京瓷與全世界遊戲界翹楚任天堂，到工業革命時代老城格拉斯哥蛻變為全球首個文化創意產業城市，這些案例皆說明：一個城市擁有的歷史厚度與文化資產，才是培育創新人才的沃土。期待臺南的下一個四百年，她會以自己的步調走出一條文化產業與新創事業齊頭並進做為城市獨特競爭力的道路，與充滿糖分的空氣一樣，成為臺灣其他城市都難以取代的存在。

面對下一個一百年，
臺南應該繼續勇敢。

改建後融合了古典與現代元素的竹溪寺

附錄

四百這一年：二〇二四「臺南400」大事記

2023.12.22

臺南市立博物館盛大開館

2023.12.23－2024.2.18

2024龍崎光節：空山祭

臺南市政府文化局 at 龍崎區

2023.12.31

以敲響和平鐘開啟臺南400

臺南市政府民政局 at 各區公所

2024.1.1－12.31

糖分與鹽分文學賞
——臺南文學滋味

主辦／地點　國立臺灣文學館

2024.1.5－2.4

臺南跨視紀400科藝之旅

臺南市政府智慧發展中心 at 河樂廣場

2024.1.8－11.30

《臺南400》集章GO臺南

臺南市政府衛生局 at 各行政區

2024.1.27－3.3

月津港燈節

臺南市政府文化局 at 鹽水區

2024.1.27－3.3

新營波光節

臺南市政府文化局 at 新營區

2024每月最後一個禮拜日

《臺南400》府城醫情系列導覽

臺南市政府衛生局 at 中西區

2024.1－12月不定期舉辦

《臺南400》健康福祉系列講座

臺南市政府衛生局 at 各行政區

2024.2.1－6.30

「跨．1624：世界島臺灣」
國際特展

主辦／地點　國立臺灣歷史博物館

2024.2.3－3.10

2024台灣燈會在臺南

臺南市政府觀旅局 & 文化局
at 安平區、臺南高鐵站周遭

2024.2.24－3.10

臺南400農漁地景藝術節
—農特產展售

臺南市政府農業局
at 大臺南會展中心機車棚

2024.6.25－9.22

文學千層・故事連城：從17世紀開始的超時空之旅特展

主辦／地點　國立臺灣文學館

2024.6.29－11.30

客星人的多重宇宙—臺南400客家大展

臺南市政府客家事務委員會 at 客家文化會館

2024.6.29－12.31

原原不止400年—原住民族群文化展

臺南市政府原住民族事務委員會 at 蕭壠文化園區西拉雅平埔文化館

2024.6.30－8.4

臺南400健康福祉展 Long life Tainan, Forever Young

臺南市政府衛生局 at 耘非凡美術館

2024.7.2－9.1

臺南400「透・南城：城市穿行四百年」城市展

臺南市政府都發局 at 臺南市美術館1館

2024.5.1－10.31

1624講堂—上一堂給臺灣的歷史課

臺南市政府文化局

2024.5.2－9.1

從拉斐爾到梵谷：英國國家藝廊珍藏展

主辦／地點　奇美博物館

2024.5.4－5.5

2024第二屆咀嚼吞嚥困難跨領域照護國際研討會

臺南市政府衛生局 at 大員皇冠假日酒店

2024.5.25－9.1

臺南400全民教育—教育的時空旅行主題展

臺南市政府教育局 at 兒童科學博物館

2024.6.15－10.26

臺南400農漁地景藝術節—地景劇場

臺南市政府農業局 at 白河馬稠後關帝廳、安平觀夕平臺、走馬瀨農場、菁寮附近農地、井仔腳鹽、新化果菜市場

2024.6.19－6.29

臺南400全民教育—校園老照片特展（溪北展期）

臺南市政府教育局 at 總爺藝文中心日式招待所

2024.2.24－3.10

世界蘭花會議（WOC）

臺南市政府農業局 at 大臺南會展中心

2024.2.24－3.10

臺灣國際蘭展（TIOS）

臺南市政府農業局 at 大臺南會展中心、農業部農業科技園區管理中心蘭花園區

2024.2.24－6.16

歐亞首戰・在大員—楊炳輝巨幅油畫暨史料特展

主辦／地點　國立臺南生活美學館

2024.2.27－5.26

2024臺南國際音樂節

臺南市政府文化局 at 臺南文化中心、總爺藝文中心、鹽水永成戲院

2024.3.28－6.16

沃克、海怪、炮火與他們：熱蘭遮堡400年

主辦／地點　臺南市美術館

2024.3.29－4.7

紅球臺南—視覺溝通x體驗營造x藝術跨界

臺南市政府文化局 at 市內10處古蹟巷弄

2024.9.7－9.29（4個周末）

臺南400 臺南運動嘉年華

臺南市政府體育局
at 臺南市立田徑場—體育之心廣場

2024.9.13－9.30

土地漫遊者
—臺南400地政特展

臺南市政府地政局 at 臺南愛國婦人會館

2024.9－11

臺南400農漁地景藝術節
—食農教育體驗

臺南市政府農業局 at 各行政區

2024.10－11

臺南400農漁地景藝術節
—府城動保蛻變與進步
我愛毛孩從心開始

臺南市政府農業局
at 善化糖廠、東區竹篙厝寵物友善公園、
永康西灣里寵物友善公園、
南區明和寵物友善公園

2024.10.1－11.6

臺南400農漁地景藝術節
—農遊新風尚

臺南市政府農業局
at 休閒農業區、休閒農場或農村再生社區

2024.7.13－2025.7.13

街道美術館
—城市的故事・從這裡開始

臺南市政府都發局
at 海安路中央軸帶、河樂廣場旁運河畔、
大涼生態公園

2024.7.13、7.20

《流浪之歌》音樂會
—臺南五大天王的
臺語流行音樂時代

臺南市政府文化局 at 臺南市文化中心

2024.7.17－11.16

臺南400農漁地景藝術節
—數位科技農業劇場

臺南市政府農業局 at 蕭壠文化園區A13館

2024.7.27－8.25

大臺南交通教育主題館
—兒童交通安全夏令營

臺南市政府交通局 at 安平區平通路366號

2024.8.23－9.1

2024臺灣文化創意博覽會
—Lesson :D

臺南市政府文化局 at 321巷藝術聚落

2024.7.2－9.1

臺南400水資源環境教育展
—水的400種形狀｜
流動百年的臺南

臺南市政府水利局 at 安平再生水廠環教中心

2024.7.3－7.29

臺南400全民教育
—校園老照片特展（溪南展期）

臺南市政府教育局 at 新光三越中山店7樓

2024.7.5－9.1

臺南的情感線・公車行動展

臺南市政府交通局
at 串接臺南火車站、臺南轉運站、臺南市立
美術館、安平水資源環境教育館等地

2024.7.9－10.13

我們從河而來：
流域千年・文化共筆

臺南市政府文化局 at 臺南市美術館2館

2024.7.10－9.28

「臺南400城市植感好森活」
老樹巡禮活動

臺南市政府農業局
at 劉啟祥故居—畫室咖啡、
山上花園水道博物館、成大榕園等地

2024.11.29－12.2

臺南400 城市食力
—觀光美食博覽會

臺南市政府觀旅局 at 大臺南會展中心

2024.11.30－12.29

臺南棒球歷史展

臺南市政府體育局 at 亞太國際棒球訓練中心

2024.12.29

臺南400宴

臺南市政府觀光旅遊局 at大臺南會展中心

2024.10.20

全民趣味路跑

臺南市政府體育局
at 臺南市政府永華市政中心

2024.10.26－11.10

未南時空 Future Time Gate

臺南市政府經發局
at 樹谷生活科學館2樓特展室

2024.10.26－11.10

2024台灣設計展
—是台南・當是未來

臺南市政府文化局
at 臺南市美術館 2 館、
西市場、香蕉倉庫等地

2024.10.26－11.10

臺南400農漁地景藝術節
—老松町農產市集

臺南市政府農業局 at 321巷藝術聚落

2024.10.26－12.8

2024臺南藝術節

臺南市政府文化局 at 市內14處藝文場館

2024.11.24

臺南400馬拉松挑戰賽

臺南市政府體育局 at 新營體育場

2024.10.1－2025.2.28

千年俯瞰400：
走向西拉雅族的原住民考古

主辦／地點　國立臺灣史前文化博物館
（南科考古館）

2024.10.5－10.13

2024南瀛國際民俗藝術節

臺南市政府文化局 at 市內17處藝文場館

2024.10.12－13

科技互動體驗活動
—Chill玩科技 耀動臺南400

臺南市政府智慧發展中心
at 新光三越小西門廣場

2024.10.16－11.9

2024臺南美食之都
國際廚藝挑戰賽

臺南市政府觀光旅遊局
at 臺南晶英酒店、大員皇冠假日酒店、崑山
科技大學、東東宴會式場—華平囍嫁館

2024.10.19－2025.4.30

臺南400農漁地景藝術節
—生生萬物

臺南市政府農業局
at 新化果菜市場、隆田chacha文化資產教
育園區、總爺藝文中心、蕭壠文化園區、七
股觀海樓、青鯤鯓青山漁港

這樣臺南：
眾聲四起，百態敘事

主辦單位｜臺南市政府
承辦單位｜臺南市政府文化局、臺南市立博物館
發行人｜黃偉哲
總策劃｜謝仕淵
督導統籌｜王世宏、曾稚淵、馬振瀚
行政企劃｜張瀚今、謝采芸、曾子容、孔雅玄
地址｜臺南市安平區永華路二段6號13樓
電話｜(06) 2991111

主編｜謝仕淵
執行主編｜涂豐恩
專案管理｜邱美穎
執行編輯｜徐祥弼、廖貽柔
編輯協力｜洪偉傑、黃淑真
封面內頁設計｜劉耘桑
封面攝影｜蘇雅欣

編印｜聯經出版事業股份有限公司
編務總監｜陳逸華
總編輯｜涂豐恩
總經理｜陳芝宇
社長｜羅國俊
發行人｜林載爵
地址｜新北市汐止區大同路一段369號1樓
編輯部地址｜新北市汐止區大同路一段369號1樓
臺北聯經書房｜臺北市新生南路三段94號
電話｜(02) 23620308
郵政劃撥帳戶｜第0100559-3號
郵撥電話｜(02) 23620308
印刷者｜文聯彩色製版印刷有限公司
總經銷｜聯合發行股份有限公司
發行所｜新北市新店區寶橋路235巷6弄6號2F
電話｜(02) 29178022

共同出版｜臺南市政府文化局・聯經出版事業股份有限公司
出版日期｜2024年12月初版
ISBN｜978-626-7485-82-8
GPN｜1011301878
定價｜550元

行政院新聞局出版事業登記證局版臺業字第0130號

本書如有缺頁、破損、倒裝請寄回臺北聯經書房更換。
聯經網址｜http://www.linkingbooks.com.tw
電子信箱｜linking@udngroup.com

國家圖書館出版品預行編目（CIP）資料

這樣臺南：眾聲四起，百態敘事 / 謝仕淵主編. -- 初版. -- [臺南市]：
臺南市政府文化局；新北市：聯經出版事業股份有限公司，2024.12
面；　公分
ISBN 978-626-7485-82-8(平裝)
1.CST: 人文地理 2.CST: 藝文活動 3.CST: 臺南市

733.9/127.4　　113019571